U0944402

目标图像的识别与跟踪

吴青娥　张焕龙　姜利英　著

科 学 出 版 社

北　京

内 容 简 介

本书内容主要包括目标识别与跟踪技术的研究现状和基础理论(第 1 章)、卫星目标定位方法(第 2~4 章)、目标识别方法(第 5，6 章)和目标跟踪方法(第 7，8 章)，介绍了相关目标卫星定位、识别和跟踪的研究背景、挑战性问题、解决理论、算法设计过程和应用场景分析等内容，并给出了相应的实验结果.

本书内容新颖，理论描述清晰，具有较好的工程实用性，对在计算机科学、自动化、应用数学、运筹学、工业与系统工程、通信工程领域中从事相关研究的科技工作者和工程技术人员有较大的参考价值，同时也可作为计算机科学、自动化、应用数学、运筹学和相关专业本科生和研究生的教材及教师的教学参考书.

图书在版编目(CIP)数据

目标图像的识别与跟踪/吴青娥，张焕龙，姜利英著. —北京：科学出版社，2017.9

ISBN 978-7-03-054571-8

Ⅰ. ①目… Ⅱ. ①吴… ②张… ③姜… Ⅲ. ①图像识别–目标跟踪 Ⅳ. ①TP391.413

中国版本图书馆 CIP 数据核字(2017) 第 234162 号

责任编辑：李静科／责任校对：张凤琴
责任印制：吴兆东／封面设计：无极书装

科 学 出 版 社 出版
北京东黄城根北街 16 号
邮政编码：100717
http://www.sciencep.com

北京九州迅驰传媒文化有限公司 印刷

科学出版社发行 各地新华书店经销

*

2017 年 9 月第 一 版 开本：720 × 1000 1/16
2022 年 1 月第三次印刷 印张：9 1/4 插页：4
字数：184 000

定价：68.00 元

(如有印装质量问题，我社负责调换)

前 言

随着现代高科技的飞速发展, 人类的活动空间已不仅仅局限在地球表面及低空区域, 太空以及外太空已被视为兵家必争之地, 能否对它进行有效控制对各个主权国家的安全有重大意义. 因此, 太空已成为世界各国展示科技的平台和军事斗争的前沿阵地. 在这种新的军事斗争形式中, 基于图像跟踪的空间目标监视系统起着基础性和关键性作用. 空间目标监视系统的任务是对重要空间目标进行精确捕获、跟踪与匹配识别, 确定可能对航天系统构成威胁的航天器的类型、任务、尺寸、形状和轨道参数等重要目标特性; 对目标特性数据进行归类和分发. 但天空气象复杂多变, 特别是在夜空背景下, 要实现目标的跟踪与识别比较困难. 它融合了图像处理、模式识别、人工智能以及自动控制等许多领域的知识, 是一个多学科、极具挑战性的前沿课题, 是计算机视觉领域中的研究热点之一.

目标图像的识别与跟踪在多目标与多属性特征提取方面的发展将不仅可以保证航天器自身的安全和任务完成的质量的提高, 同样也可以使航天器能够获得更多的功能. 目标图像识别与跟踪技术的发展不仅可以运用在保证航天器的安全上, 也可以运用在更多的与之相关的雷达探索技术、卫星定位技术以及导弹定位等精确定位与制动领域, 这将是航天器在自动识别上的一个很大的进步, 也很可能给人们生活中更加精确的自动识别带来很大的技术上的支持.

针对上述问题, 本书研究了不同情况下的目标跟踪与识别问题. 本书以典型的卫星定位、选星方法、识别与跟踪方法和技术、目标外观模型设计、构建机器学习策略等为基本研究对象, 以数据分析和挖掘、建模、算法优化、小波等理论, 稀疏理论, 多任务学习理论, 子空间理论等为工具, 以模式识别、知识发现、信息融合为目的, 深入地研究了目标识别与跟踪, 以及不同情况下的识别与跟踪方法和算法.

本书既有严格的系统理论, 又有实际的应用, 并力求达到理论与实际、方法、应用的统一. 与现有的识别与跟踪方法相比, 不同情况下的跟踪与识别方法应用点、面跟踪与识别技术, 结合卫星定位信号、信息融合、模式识别等方面的大量优化算法, 提出了跟踪与识别的新思想、方法和算法, 并讨论这些新思想、方法和算法在解决实际问题中的应用. 计算机模拟结果证实了本书所提算法和方法的可行性、有效性, 以及所取得的良好效果. 它是目前跟踪与识别领域中的有效方法之一.

全书内容共 8 章, 系统地介绍了不同情况下的跟踪与识别问题, 重点阐述了几种典型的跟踪与识别方法和技术. 第 1 章描述了 20 世纪 90 年代以来国内外学术界、工程界在该研究领域取得的最新进展和主要研究成果. 第 2 章介绍了卫星轨道参数计算方法. 第 3 章介绍了卫星导航定位新算法. 第 4 章介绍了选择最优卫星配置的新方法. 第 5 章讨论了基于模糊推理的目标识别算法. 第 6 章给出了基于阈值的模糊目标识别算法. 第 7 章提出约束非负矩阵分解的目标跟踪算法. 第 8 章提出了基于多任务学习的目标跟踪算法.

作为一本专业技术书籍, 本书力求内容丰富, 并兼顾基础性、系统性、实用性、新颖性. 基础性: 通过分类、归纳和研究, 对分散在国内外期刊杂志上的已有成果进行汇总. 系统性: 力图从基本知识及具体算法、方法得出新算法、方法以及一系列跟踪与识别及其应用实例, 使之初步形成较为完整的理论体系. 实用性: 书中含有大量作者精心设计的应用实例. 新颖性: 书中含有大量近期发展的新理论、新算法、新方法, 尽可能充实跟踪与识别的最新发展前沿动态、学术观点、设计方法.

本书的显著特色: ①目前虽有研究跟踪与识别的相关文献, 但讨论的是基于确定性的数学理论的分析方法, 而本书将概率、统计、模糊与优化等理论有机结合, 提出了不确定性的跟踪与识别方法, 解决了跟踪与识别中大量存在的模糊信号不能处理或处理效果不好的弊病. ② 对不同点、面等状态下的跟踪与识别问题, 以模糊、概率、统计、优化等理论为基础, 结合优化多传感器信息融合、统计法、稀疏表示、子空间分析、多任务学习等其他传统的信息处理方法, 实施了对不同情况下的目标跟踪与识别的处理. 这种处理方法具有明显的优势: 一方面, 模型系统的某些参数有明显的物理意义, 能更真实地反映现实世界与客观事物; 另一方面, 跟踪与识别系统具有自组织学习等特点, 通过不断地学习新变化提高适用能力; 此外, 信息融合系统的信息处理速度快、储存量与通信量低, 特别适合密集目标环境. ③ 本书包含国内外许多专家的重要思想成果, 但主要内容是作者几年来的研究成果 (部分研究成果公开发表在国内外重要刊物上, 得到了国内外同行和专家的认可).

每门科学都有其自身的理论基础, 跟踪与识别处理也不例外. 识别技术的发展日新月异, 专门的技术知识可能今天有用, 但几年后常常会变成过时的东西, 因此, 我们更应该培养自己解决问题的能力, 这些能力具有持久的价值. 本书的研究理论能够拓展人们的思维, 使人们在思考方面得到训练.

在本书的编写和出版过程中, 中央民族大学杨国胜教授、上海交通大学胡士强教授和郑州轻工业学院王延峰教授等给予了许多意见和建议, 在此表示感谢. 同时, 本书的工作得到国家“973”项目 (No.613237)、国家自然科学青年基金项目 (No.61503173)、河南省杰出青年基金项目 (No.164100510017)、河南省科技攻关计划项目 (No.172102210062) 和郑州轻工业学院博士启动基金项目 (No.2016BSJJ002) 的支持, 在此表示感谢! 最后, 谨以此书献给所有关心、支持和帮助过本书出版的人们!

本书由吴青娥撰写了第 2 ~5 章; 张焕龙撰写了第 1,6~8 章; 姜利英做了录入和校对稿件的工作.

鉴于作者知识的局限性, 不妥之处在所难免, 热忱欢迎广大读者批评指正.

吴青娥　张焕龙　姜利英
郑州轻工业学院
2016 年 12 月

目　　录

第 1 章　绪　论

目标识别与跟踪技术综合了图像处理、人工智能、概率与随机过程、最优化和自动控制等多学科理论, 每个学科的进步都会促进其向更深层次的研究和发展, 具有十分重要的军事和商业应用价值, 受到各个阶层研究者的广泛关注.

1.1　目标识别与跟踪技术简介

目标识别与跟踪技术的实质是通过卫星、雷达或传感器等数据采集设备, 对指定的兴趣目标 (如飞机、轮船、行人或监控物等) 在特定场景中的运动进行连续性推断或评估, 以获得目标的实时状态 (如位置、尺寸和速度等信息), 并对其中的有用信息进行分析和处理, 以建立低层次图像处理技术和高层次语义内容分析与理解之间的桥梁. 近些年, 随着航空航天技术、计算机技术、传感器技术以及数据处理技术的不断进步, 目标识别与定位技术在军用、民用和智能化产品中越来越呈现出十分重要的作用, 各国政府、高等院校、研究所和商业公司不断对该技术的研究投入大量的人力和财力资源, 相应的理论和应用成果也随之不断涌现.

1.1.1　国内外研究成果

在卫星定位系统研究方面, 法国于 1986 年发射 SPOT1(Systeme Probatoire d'Observation de la Terre) 卫星, 空间分辨率约为 10m, 到 2012 年发射的 SPOT6 卫星, 空间分辨率能够达到 1.5m. 2014 年继续发射 SPOT7 卫星, 进一步提高了卫星获取数据的效率和手段. 同时, 借助分散在世界各地的地面校验场对卫星传感器参数进行几何校正, 不断提高卫星影像的定位精度[1]; 美国于 20 世纪 70 年代构建 GPS(Global Positioning System), 经过几十年的发展, GPS 目前包含的星座数目已高达 31 颗. 预计第四代 GPS 工作卫星将实现 33 颗星座分布式工作, 大大提高了目标定位精度; 俄罗斯的全球导航卫星系统 (Global Navigation Satellite System, GLONASS) 于 20 世纪 80 年代初开建, 1996 年达到 24 颗卫星, 开始工作. 其间经过十年多的停滞, 直到 2010 年, GLONASS 系统恢复全面部署, 共有 31 颗卫星在轨运行, 旨在提高目标定位精度; 国内自主研发了北斗导航卫星系统 (BeiDou Navigation Satellite System, BDS), 其目标是建成独立自主、开放兼容、技术先进、稳定可靠的覆盖全球的定位导航系统, 并计划于 2020 年全面建设成由 35 颗卫星组成的定位系统. 目前北斗二代系统已经发射 16 颗卫星, 具备了区域导航定位的能力, 正在逐步向覆盖全球的定位系统推进[2]. 为了提高定位精度, 我国在西安、上海、长春、昆明、乌鲁木齐、南极等 6 个地区建立了跟踪站, 并与 1 个数据中心和 1 个分析中心组成测试评估系统. 同时, 在新加坡、澳大利亚等 8 个国家建立了实验跟踪站, 将轨道精度由 5m 提高到 0.5m, CEO 卫星轨道精度达到 2m[3]. 通信卫星、遥感卫星和测绘卫星等多类型的信息采集途径和日益提高的卫星定位精度, 使人们可以通过对卫星获取的信息进行特征提取和分析, 进而深入研究指定目标物的识别与跟踪方法.

在目标识别与跟踪系统研究方面, 美国国防高级研究项目署 (DARPA) 分别于 2000 年和 2008 年资助了项目 HID(Human Identification at a Distance) 和实时流视频监控技术研究, 前者旨在开发多模式监控技术, 后者旨在从视频中快速发现人的行为并进行分析; 美国的空军研究室、海军研究室和导弹系统研究中心等部门联合开展试验卫星系统研究计划[4], 于 2003 年发射首颗卫星 ESS-10, 其可以对低轨道上的航天器进行拍照, 并对目标进行跟踪、监视和位移保持等. 2005 年再次发射 ESS-11 卫星, 它可以进行自主跟踪、监视和交会等操作. 俄罗斯研制出的空间目标监视系统和导弹预警系统[5], 其境内主要布有名为 "沃罗涅日" 及 "伏尔加河" 的雷达监视网络, 它的空间目标监视技术在某些方面已经超过美国. 2000 年英国也发射了 Snap-1 卫星, 通过安装的视觉传感器系统, 可以到达两公里内对其他小卫星的持续性跟踪. 中国科学院自动化研究所的模式识别国家重点实验室研究并开发的交通监控系统 VS-Star(Visual Surveillance Star)[6], 已经在 2008 年的北京奥运会和 2010 年的上海世博会上用来辅助安防监控的 "中科奥森" 人脸识别和智能的视频监控系统, 并且分别在 2011 年和 2012 年发射"神州八号"和"神州九号"飞船, 实现了与天宫交会对接技术, 其中视觉传感器技术的应用起到了非常关键的作用. 另外, 意大利摩德纳大学 (UNIMO) 于 2003 年研发的 SAKBOT 系统[7], IBM 于 2004 年开发的 Smart 系统[8], 雷丁大学与法国 INRIA 等研究部门联合在 2004 年研究并开发了机场智能监控系统项目 AVITRACK 等.

1.1.2 国内研究机构

国内外很多研究所和大学都在目标识别与跟踪方面做出了深入的研究, 并且取得了大量的研究成果. 在国外, 如美国的中佛罗里达大学[9]、卡耐基梅隆大学、南加州大学[10]、麻省理工学院[11], 英国的牛津大学, 瑞士的苏黎世联邦理工学院, 澳大利亚的阿德莱德大学和法国的计算机科学与技术研究所等.

在国内, 中国科学院自动化研究所的模式识别国家重点实验室和微软亚洲研究院的视觉研究组在目标跟踪和目标识别等方面处于领先地位. 其他高校也在积极开展研究, 如清华大学[12]、北京大学、浙江大学、上海交通大学[13,14]、华中科技大学[15]、西安交通大学等也在目标识别、视频分析和理解领域进行了深入的研究.

在实际应用方面, 很多国内外的公司和企业也长期致力于视频相关技术的研发, 如美国的 ObjectVideo、DVTel 公司、法国的 Citilog 公司、以色列的 NiceVision 公司和瑞典的 IMINT 公司等. 在国内, 杭州海康威视公司拥有领先的技术, 致力于视频处理和分析技术的研发; 深圳大疆科技公司自主研发的影像采集和处理系统, 虽然起步较晚但发展迅猛; 深圳贝尔信公司在嵌入式系统智能行为识别方面具有较强的科研优势; 还有全球鹰、迪威视讯、大华股份等. 此外, 一些 IT 公司 (如 Google、微软、IBM、百度和华为等) 也在不断研发与目标跟踪相关的应用产品.

1.2 目标识别与跟踪技术的应用

近年来, 随着计算机处理能力的不断提高, 存储成本的不断下跌, 目标识别与跟踪技术的研究进程得到了巨大的推动. 然而, 真正使目标识别与跟踪技术在视觉领域中获得广泛关注的主要原因是其在实际中大量而又极其重要的应用.

1. 智能视频监控系统

智能视频监控系统 (Intelligent Video Surveillance, IVS) 是计算机视觉领域中最活跃的应用方向之一[16]. 它利用计算机视觉、图像处理和状态空间分析等理论, 在尽可能少的人为干预条件下, 对视频序列中的目标进行提取、处理、分析和理解, 以实现对特定目标的定位、识别和跟踪, 保持目标在视频监控内的运动可见性. 同时, 当目标在摄像机视野消失后再出现时 (可能出现在另外一个摄像机), 能够实时调节单摄像机的角度和进行多摄像机间的通信, 从而捕捉到兴趣目标的运动轨迹. 然后, 对跟踪结果进行分析以实现异常行为检测、社会活动分析和可疑目标预警等操作, 提高公共安全的保障能力. 依据市场研究结果显示, 美国自 2009 年开始已经组建了包含约 3000 万台摄像机的监控网络, 投入经费从 2006 年的 49 亿美元上涨到 2011 年的 90 亿美元[17]. 虽然我国安防市场起步较晚, 但根据《中国安防行业 "十二五" 发展规划》[18], 截止到 2015 年，我国的安防行业总产值已达到 5000 亿元.

如图 1.1 所示, 智能视频监控系统主要研究内容包括：低级图像采集与处理; 中级目标表征、识别和跟踪; 高级图像理解与行为, 语义识别和分析等. 可以明显看出, 目标检测、识别和跟踪技术是该系统正常运行不可缺少的核心组成部分[19]. 在国内, 中国科学院自动化研究所模式识别国家重点实验室建立了一套针对室内外场景监控的视频运动目标分析系统, 能够分析场景中目标运动过程中存在的多种体态形式, 获得了很好的应用效果. 西北工业大学建立了一套 GreatWall 视频目标综合分析系统, 能够实现复杂系统下对特定目标的跟踪、形态分析和行为识别等功能. 此外, 杭州海康威视研究院也基于高速公路环境设计出一系列异常行为检测、违章停车和交通拥塞识别等产品, 并已经成功推向市场. 因此, 作为智能视频监控中的关键性技术, 目标识别与跟踪算法的研究具有很大的应用价值.

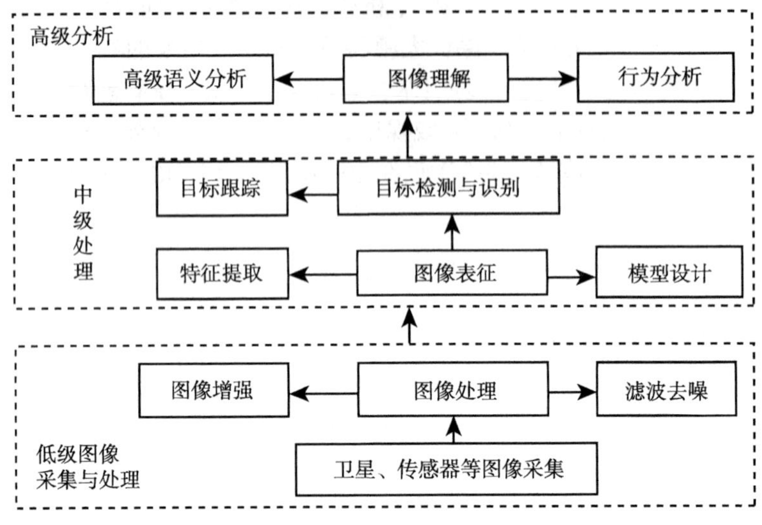

图 1.1 智能视频监控系统层次结构示意图

2. 智能交通系统

交通安全已经成为当今社会的一大重要问题, 城市智能交通系统 (Intelligent Transportation System, ITS) 的目标是对城市交通进行全面监控和控制. 该系统通过对城市中所有道路交通的流量检测、交通状况检测、环境气象检测和运行状况等进行信息提取, 从而产生智能化控制方案, 以达到控制交通流量、改善交通运行状况、减少事故发生概率和即时响应交通紧急状况的目的. 智能交通系统正在成为缓解交通堵塞、提高交通安全及辅助交通管理等问题的有效解决工具, 已受到世界各国的重视. 为此, 世界各国纷纷投入大量的资金和科研人员研制智能交通系统, 如美国研制出的车辆检测系统 (AUTOSCOP), 法国研制开发的能够检测违章停车、逆行和超速等行为的 TRAFICON 系统, 日本研制的车辆信息与通信系统 (VICS) 等. 我国在《国家中长期科学和技术发展规划纲要 (2006—2020)》中强调了智能交通系统在国家战略中的重要作用. 清华大学研制的自动交通视觉监控系统 (VISATRAM)[20] 能够将视觉交通检测的研究成果应用到中国公路交通的高科技研究产品中. 中国台湾交通大学电机与控制工程学系智能控制系统集成实验室开发了独立式实时图像跟踪系统[21], 对交通视频图像中的车辆进行检测和跟踪.

智能交通领域中, 由于道路本身的复杂性、光线变化、阴影、天气因素等事件问题, 造成系统虚警或漏检. 复杂场景下目标检测、识别与跟踪成为高级视觉识别的挑战性难题. 目标识别与跟踪技术以在线或离线的形式在智能交通系统中起到了重要的作用[22,23], 其利用智能交通网络中安装的大量摄像机, 对车辆进行实时监控、识别和跟踪, 以自动获得车辆的速度、流量和道路拥堵状况等信息. 同时, 利用不断积累的车辆跟踪结果进行统计、分析和数据建模, 在目标识别与跟踪技术的帮助下, 与车辆相关的位置、速度和轨迹等信息更容易被自动获得, 从而能够达到在无人为参与的情况下对交通状态进行实时分析. 文献 [24] 研究了 QuickBird 卫星数据中城市道路中的车辆队列信息, 依据单个车辆特征建立车队模型, 通过匹配算法对车辆队列识别, 在边缘提取和宽度函数分析的基础上, 实现单个车辆检测. 文献 [25] 在道路提取的基础上, 利用颜色模型提出车辆识别方法, 并利用窗口搜索识别单个车辆, 在车辆识别的基础上, 提取车辆密度等交通流参数, 以辅助智能交通系统. 文献 [26] 针对高分辨率遥感图像中的小型目标, 利用视觉注意机制实现目标检测, 结合背景抑制、MeanShift 分割、目标特征提取等算法, 有效实现运动目标的稳定跟踪.

文献 [27] 研究了支持向量机 (SVM) 模型在车流量预测领域的应用. 文献 [28] 深度学习了将模型应用到车流量预测领域, 大大提高了预测的精准度.

3. 移动机器人导航

移动机器人是一种典型的自主式机器系统, 具有很高的智能化水平, 是机器人学、动力学、自动控制、电子技术、计算机技术和人工智能等多学科交叉的产物, 是目前国内外学术研究的活跃领域. 智能导航系统主要是利用摄像机和其他传感器设备对周围环境和兴趣目标进行实时检测和跟踪[29], 基于对视频处理结果的理解与分析, 引导机器人或车辆执行特殊的作业或任务. 美国国家航空航天局 (NASA) 研制的"勇气号"和"机遇号"火星探测车, 通过导航摄像机实现路径规划并引导仪器设备进行精细检测. 德国凯撒斯劳滕工业大学和比利时皇家军事学院联合研制移动机器人 RAVON, 通过车体前方顶部两个摄像机组成立体视觉系统, 承担远程场景目标的观测、路径规划和导航任务, 并利用多台工控机完成实时导航. 我国哈尔滨工业大学机器人研究所研制了智能服务机器人, 通过超声波检测障碍, 立体摄像头负责测量障碍物空间尺寸, 为机器人自主导航提供信息, 引导机器人进行避障和导航, 为提高运行效率, 机器人采用 PC 机作为主控计算机进行路径优化完成导航任务. 此外, 我国研制的 "玉兔号" 自主导航月球车系统为嫦娥探测计划的顺利开展做出了重要贡献.

以人眼、人脸和人手为目标的视频识别与跟踪技术是机器人自主导航的关键性技术, 围绕这一研究内容涌现出很多研究成果. 文献 [30] 利用立体摄像机来实现人体头部运动的跟踪, 在跟踪过程中利用颜色和立体视差信息, 并结合隐马尔可夫模型 (Hidden Markov Model, HMM). 早期研究者针对移动机器人的动力模型, 涉及基于力矩控制和反演技术的轨道跟踪控制律, 得到了系统的全局性稳定特征. 文

献 [31] 利用禁忌式搜索策略产生当前的优化子目标, 再采用模糊控制思想执行子目标的跟踪, 以逐步渐进的方式实现机器人的路径优化. 文献 [32] 通过人脸识别和目标跟踪两个步骤实现对人体的头部跟踪, 识别模块利用轮廓、颜色和边缘特征, 结合神经网络来训练和学习模型, 以识别目标. 跟踪模块中, 利用颜色特征实现对人体运动轨道的准确跟踪. 摄像机硬件设备和视频处理技术的发展, 不断促使基于机器识别与跟踪的导航技术得到广泛应用.

4. 医学图像分析

随着现代医学中医学影像设备数字化和网络化的不断发展, 医学图像处理技术在医师临床诊断和治疗中发挥着越来越重要的作用, 正在逐渐成为研究者密切关注的热点. 通过利用计算机视觉算法对大量医学数据进行分析, 以提供有价值的信息, 从而辅助医师做出更加精确和客观的诊断. 如目标跟踪算法被用于定位肺肿瘤轮廓在呼吸周期内的变化情况, 通过精确评估肿瘤的位置和形状边界能够使医师对使用的辐射剂量做出准确判断, 这样能够最大程度地减少在消除肿瘤细胞的同时对健康细胞的损伤. 在目标跟踪算法的帮助下, 即便是医疗专家不能确定的肿瘤边界, 计算机算法也能够很好地处理.

对于医学图像来说, 其具有复杂的特性, 而且兴趣目标可能千变万化, 传统的人工分析方法往往费时费力. 因此, 在医学领域需要寻找一种自动的、准确的医学影像分析系统, 而目标识别与跟踪相关方法成为研究重点. 文献 [33] 提出利用基于水平集理论的医学图像分割方法, 采用先前图像获取的目标轮廓作为初始化信息, 实时传播图像的变化信息, 在三维空间中处理目标的拓扑结构变化, 特别是对多医学图像目标跟踪中变化信息获得较好的处理效果. 文献 [34] 将卡尔曼滤波理论和均值漂移方法相结合, 建立动态的目标运动模型, 对医学图像的跟踪获得较好的效果. 文献 [35] 采用最小费用理论, 匹配相邻帧内目标的特征, 这种新的匹配方法获得了理想的跟踪效果. 医学图像的分割、识别与跟踪还有很大的探索空间, 科研人员要不断地进行更深入的研究, 才能克服医学影像系统中目标跟踪的各种挑战性问题.

5. 军事应用

在现代信息化作战条件下, 作战环境十分复杂, 作战双方都在采用相应的伪装、隐蔽、欺骗和干扰等手段和技术进行识别跟踪与反跟踪. 为了实现远程作战, 必须利用具有相当大优势的卫星图像、红外图像以及雷达成像, 来探测、识别、跟踪和打击远距离目标. 国际上, 目前众多国家均在开展自动目标识别系统、激光雷达跟踪、红外识别跟踪等技术的研究. 目标识别与跟踪技术已经成为军事研究的热点问题, 主要集中在精确制导、飞行控制、无人机侦查和航空航天防御等各方面. 其中,精确制导技术源于 20 世纪 70 年代, 在现代战中显示出了重要的作用. 红外制导是现阶段较为先进的技术, 它利用目标的红外辐射特性对目标进行成像, 然后对红外图像进行检测和跟踪[36]. 目前, 军事领域中受到广泛关注的无人机系统, 能够在复杂战场环境下搜索预先设定的重要目标, 利用持续性跟踪能力使系统获取更多的目标信息和更精确的毁伤性攻击. 如美国于 1991 年的海湾战争就出动 "先锋" 和 "指针" 等型号无人机, 在侦查、监视、目标捕获和精确打击方面起到了重要的作用. 2008 年又设计了第一架海陆两用无人机, 能够自行完成飞行、目标识别与跟踪、攻击、返回等自主控制式作战过程. 英国 BAE 公司研制的 "雷电之神" 是世界最大无人机之一, 能够跨洲飞行, 携带多种武器精确打击. 我国于 2011 年以来开始全方位发展无人机技术, 成都飞机设计研究所研制的 "翼龙" 无人机, 中航工业沈阳飞机设计研究所的 "利剑" 无人机, 目标识别与跟踪技术的成功应用极大地提高了无人机在战场中自动识别和精确打击特定目标的作战能力.

目标识别与跟踪技术的研究直接影响着各种现代化武器装备的性能和打击精度, 研究者为此展开了很多研究. 文献 [37] 针对无人机飞行过程中自然风等因素的干扰, 研究了一种非线性制导算法, 利用飞行航迹上的虚拟目标和飞行器的实时惯性特征, 推算出侧向加速度指令, 提供了能够对抗外界干扰因素 (如风) 的稳定性参数设计准则, 获得了很好的跟踪效果. 文献 [38] 建立了红外导引头图像投影模型, 探索基于图像目标的特征匹配方法, 以此提高导弹目标识别精度. 文献 [39] 明确指出 "基于运动目标图像的识别与跟踪技术是世界各国精确制导武器系统急需解决的难题", 针对已知和未知两种情况下目标识别与跟踪问题开展研究, 并给出了一个比较完整的军事运动目标识别与跟踪系统.

1.3 目标识别与跟踪相关技术

一般来说, 目标跟踪识别框架主要包含目标检测、目标跟踪和目标识别三部分. 其中, 目标的检测和跟踪主要是为了将跟踪目标从背景中分离出来, 输送给目标识别算法进行身份鉴定. 检测模块往往只需在初始帧获取目标初始状态时用到, 后续主要是通过跟踪算法保持对目标的持续性识别, 同时依据识别出来的目标新变化形式更新目标模型. 当目标出现特殊运动形式 (如快速运动), 需要全局获得目标预测位置时, 检测模块、跟踪模块和识别模块会交互通信共同完成目标跟踪识别过程. 本书在研究过程中将跟踪和识别两个模块融合, 并主要对目标的跟踪进行研究. 图 1.2 为目标识别与跟踪系统的流程框图.

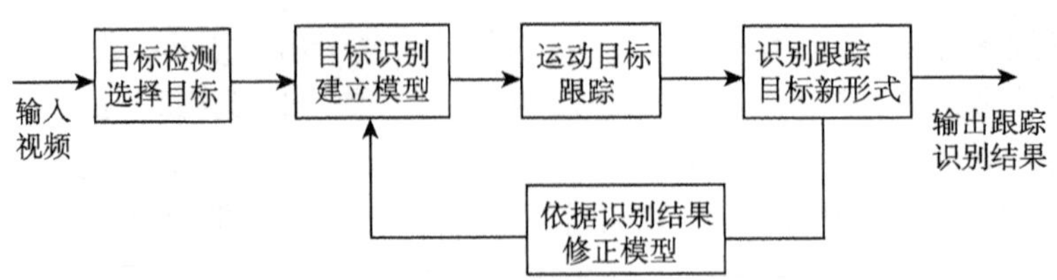

图 1.2　目标识别与跟踪系统功能框图

1.3.1　运动目标检测技术

运动目标检测就是把目标从视频中分割出来, 并给出精确定位的过程. 通常是利用目标的特征信息或位置特点实现目标从背景的分离, 但往往会因为图像背景复杂, 目标和背景相互交错, 且目标可能呈现运动或静止状态, 很难获得一个较好的背景模型, 给目标检测带来挑战. 目标检测一般作为目标识别与跟踪系统的前期处理环节, 检测结果的优劣直接影响着后续目标的识别和跟踪精度. 现有很多学术研究中省略了目标检测环节, 采用给定跟踪目标代替检测结果, 从而重点研究识别与跟踪算法, 也有很多算法将检测模块和识别、跟踪模块交互实现目标持续性跟踪. 本书重点阐述目标识别与跟踪技术的相关研究成果, 这里简要介绍与目标检测相关的研究方法.

背景差法. 该方法一般适应于摄像机较为固定的场景下, 由于背景变化比较小, 可以通过设计恰当的背景模型, 利用目标和背景模型的差异来获得运动目标信息. 背景差法[40,41] 因其简单容易实现, 是应用较多的运动目标检测方法, 其中如何获得图像静态背景模型是该方法的关键性内容. 背景差法能够检测出目标较为完整的信息, 而且检测出来的运动目标也比较准确, 特定环境下具有一定优势. 然而, 这种方法对新的环境适应能力较差, 对光照变化、天气状况、背景和目标的变化 (如目标长期静止转换成背景) 等因素十分敏感. 一般研究过程中, 为了提高模型的自适应性能力, 研究者提出了基于统计模型的高斯混合模型、非参数化模型[42] 等, 实时修正背景模型, 以提高算法检测精度.

帧间差分法[43,44]. 该方法通过视频序列图像中相邻之间对应位置像素点的比较来获取目标的位置, 并按照一定的规则, 将差值大于一定阈值的判定为运动目标区域. 该方法能够简单、快速地提取目标轮廓, 对光照变化等干扰因素不敏感, 有一定的自适应能力, 但无法获得目标内部的完整信息, 提取的区域并非是纯目标, 可能是因光线变化、运动等引起的背景缓慢变化. 此外, 对于运动缓慢的目标无法提取完整的边界信息, 对于运动过快的目标提取目标区域过大, 而且需要提前做好相邻帧图像的严格配准.

光流法. 光流是利用随时间变化的光流矢量特性, 对运动目标进行检测, 最早是由 Horn 和 Schunck 于 1981 年提出的. 该方法通过光流场信息可以从背景中检测得到完整的目标信息, 甚至可以实现目标和背景的完全分割. 基于光流方法具有一个前提假设条件: 目标和背景是通过它们之间不同的运动速率确定的, 也就是说图像灰度分布的变化完全是由于目标或背景的变化引起的. 利用光流检测目标时, 要根据不同的情况区别对待. 如果背景不动, 可以检测光流场图像中的最大值来提取前景目标, 如果背景运动, 需要利用先验知识, 依据光流的变化区分目标和背景. 因此, 实际应用中还需要针对摄像机和目标的运动形式设计相应的检测算法. 目前, 光流算法已经出现了多种改进版本, 然而大部分都是基于一阶时空梯度技术, 它们能够获得较高的检测精度, 但是需要对图像中的所有像素点进行运算, 计算复杂度高, 难以适用于实时性要求较高的场合.

基于统计学习的检测方法. 运动目标外观变化丰富, 且运动方式各异, 常规的图像检测方法往往达不到较好的检测效果. 如果摄像机保持转动, 以上几种方法会因为背景复杂性或运动特殊性无法获得检测结果. 为此, 近些年基于学习的目标检测方法被陆续提出, 其中基于 AdaBoost Cascade 的检测方法[45]、基于 SVM 的检测方法[46] 均成为代表性方法. 该类方法鲁棒性好, 具有较好的泛化能力, 但获取有效的特征模型具有挑战性.

1.3.2 运动目标识别与跟踪技术

目标识别是指将一个特定的目标 (或一种类型的目标) 从其他目标 (或其他类型的目标) 中区分出来的过程. 视频目标的识别与跟踪是图像理解的关键技术, 两者既可以相互独立又可以相互结合, 被广泛应用于人工智能领域. 视频监控系统[47,48] 是两者相互结合的一个典型应用. 在目标识别与跟踪系统中, 当检测和识别兴趣目标后, 启动跟踪环节. 鉴于近些年机器学习理论在目标识别与跟踪领域的广泛应用, 跟踪和识别环节获得了更多的交互, 这里主要从目标跟踪的角度介绍识别与跟踪系统的研究成果.

1. 基于图像匹配技术的目标识别与跟踪方法

为了获得目标在序列图像中的变化, 将初始目标或变形形式的本质图像结构作为辨识的目标模板, 对后续图像序列进行搜索, 依据候选搜索区域目标和模板之间相似程度确定目标, 这种运动目标的评估和分析方法都可以称为图像匹配技术. 图像匹配可以直接利用图像目标的像素灰度值完成匹配 (称为模板匹配), 也可以利用图像特征进行匹配, 这类方法成功且广泛地被应用于目标识别和跟踪研究的各个领域.

1) 基于像素空间的图像匹配方法

基于图像匹配的目标识别和跟踪方法, 一般的匹配准则包含: 最大相关函数、最小方差函数、最大信息熵和最大匹配像素统计等, 该类方法在实现目标识别和跟踪过程中往往需要付出较大的计算代价, 严重影响实时性需求. 针对这一问题, 研究者提出多种解决措施, 如提高算法处理的硬件资源配置, 采用粗–精相结合的匹配形式, 采用多尺度或分层方式进行模板匹配等, 以提高算法的效率. 该类方法相对简单, 算法实时性也较好, 但对目标尺度、旋转等变形问题以及背景亮度、对比度不稳定的环境变化问题, 都难以适应, 能够获得很好的识别效果, 但难以保证目标跟踪的持续性.

2) 基于特征空间的图像匹配方法

模板匹配由于计算代价大, 限制了它的应用. 对比之下, 利用目标的视觉特征匹配具有更大的优势, 好的特征能够适应目标自身和环境的干扰因素, 获得很好的可分性特征, 能够更好地将目标从背景分离, 这是实现鲁棒性跟踪的可靠的前提条件, 应用中比较常用的特征有:

A. 单一特征形式.

(1) 颜色特征. 颜色直方图是使用最普遍的一种形式, 文献 [49] 将这种特征融入粒子滤波框架下实现跟踪. 为了体现目标的空间特征, 文献 [50] 将位置信息与颜色统计结合提出相关颜色直方图, 并在均值漂移理论 (Mean Shift) 框架下实现跟踪. 为了进一步体现目标视角变化, 文献 [51] 提出了多参考直方图特征, 以提高视频跟踪效果. 颜色特征实现方便, 计算简单, 但对光照敏感, 难以区分相似目标.

(2) 梯度特征. 这种特征以区域统计方式描述目标, 比较经典算子之一就是 SIFT 特征, 被广泛应用于跟踪中[52,53]. 为了提高算子计算效率, 文献 [54] 提出的 SURF 算子获得与 SIFT 相似的性能, 但效率大大提高. 另外, HOG 算子利用单元分块统计梯度特征, 在行人跟踪方面得到广泛应用[55]. 梯度特征对尺度、旋转和亮度不敏感, 比较鲁棒, 但对噪声敏感, 空间信息表征能力弱.

(3) 灰度级特征. 这种方法经常以像素变化和区域变化的形式对目标进行描述. 而区域特征描述中最具代表性的是 Haar 区域算子, 它对边缘、水平和垂直细节敏感, 计算效率高, 被广泛应用于在线视频跟踪算法. 文献 [56] 首次提出利用 AdaBoost 学习策略对 Haar 特征进行选择. 文献 [57] 将特征选择获得的外观模型与主动学习相结合实现跟踪. 文献 [58] 将 Haar 特征和光流、核方法相融合, 通过 GPU 实现在线跟踪. 该算法只对结构对称的目标表征能力强, 实际应用中经常会通过积分图以提高特征提取过程, 但该特征对目标整体表征能力较弱.

(4) 纹理特征. 这种方法体现目标表面的微观变化信息, 经典的代表性算子 LBP 被使用在粒子滤波框架下实现跟踪. 为了提高传统 LBP 算子提取过程, 文献 [59] 结合差分匹配方法, 同时为了增强 LBP 局部区分能力, 文献 [60] 设计了前景模型, 它们均改善了视频跟踪效果. 纹理特征属于目标表面上的特征, 难以描述目标的本质性特征, 对目标出现的影子和反光等情况难以适应, 而且依赖于图像的分辨率.

(5) 时空上下文特征 (Spatio-Temporal Context Feature). 这种特征主要是指在给定区域内目标和它周围环境的关系, 在时间序列上保持一定的不变性. 例如, 当目标在当前帧图像中出现遮挡时, 尽管目标的外观形式发生了变化, 但是它和邻域之间的关系基本保持不变, 利用这种特性更容易将目标从背景中分离, 时空特征已经被广泛应用到目标检测和识别领域[61]. 最近, 因为这种特征能够描述目标在空间和时间上的特征, 被很多跟踪算法[62,63] 用来设计外观模型, 并获得了很好的跟踪效果.

B. 混合特征形式.

(1) 直接特征融合形式. 为了表征目标外观变化的多样性, 将多种单一特征直接融合描述目标的形式用到跟踪问题中. 文献 [64] 将颜色和纹理特征进行融合, 文献 [65] 将纹理、颜色和边缘进行加权融合, 文献 [66] 将颜色、边缘和运动特征进行融合, 再结合学习方法实现了有效跟踪. 该外观模型描述形式依赖于特征分量的表征能力, 简单的联合方式会使模型构造时间大大增长, 不利于目标实时跟踪.

(2) 算子融合形式. 这种方法采用数学模型融合多特征获得描述算子, 文献 [67] 提出具有二阶统计特征的协方差融合算法, 并成功用于跟踪算法[68], 使算法能够适应形状、大小和亮度变化等跟踪问题. 为了满足跟踪算法的实时性要求, 采用简单统计形式的需求被提出, 文献 [69] 提出 Sigma 集算子融合方式, 获得了优于前者的目标描述形式. 文献 [70] 利用多块 Sigma 集特征实现目标的外观建模, 并结合机器学习策略实现了鲁棒性较强的视频目标跟踪算法.

(3) 提炼特征融合. 尽管直接融合和算子融合能够提高目标表示能力, 但为了使融合算法在跟踪过程中实时具有最优的区分能力, 提炼特征融合形式能够在视频每帧内动态选择最优的特征形式以描述目标外观获得了广泛关注, 文献 [71] 采用 AdaBoost 方法在线提炼 HOG, LBP 和 Haar 特征描述目标, 实现实时跟踪. 文献 [72] 采用 Boosting 方法分别对多特征进行在线提炼, 以保证获得最具有区分能力的目标表示形式, 提高了视频目标在线跟踪能力.

目前, 在线提炼单一或混合特征的外观描述形式, 在自适应视频跟踪算法研究中出现较多. 然而, 这种方法在获得较好的表征能力的同时, 降低了计算效率, 如何有效解决这个问题, 成为一个重要的研究内容.

2. 基于概率推导的目标识别与跟踪方法

基于概率推导的目标跟踪算法将跟踪看成动态系统的状态估计问题, 在时间域对状态进行迭代估计, 实现目标定位. 此类方法以贝叶斯滤波为理论框架, 利用迭代计算的方式估计目标状态的后验概率分布. 其目标是在获得目标的观测值或观测概率的情况下有效地推理出被跟踪目标的状态或后验概率分布. 对于该动态状态空间模型而言, 当前跟踪目标的真实状态一般是未知的, 它只能依靠观测结果来估计,而此过程可以采用隐马尔可夫模型来表示, 如图 1.3 所示.

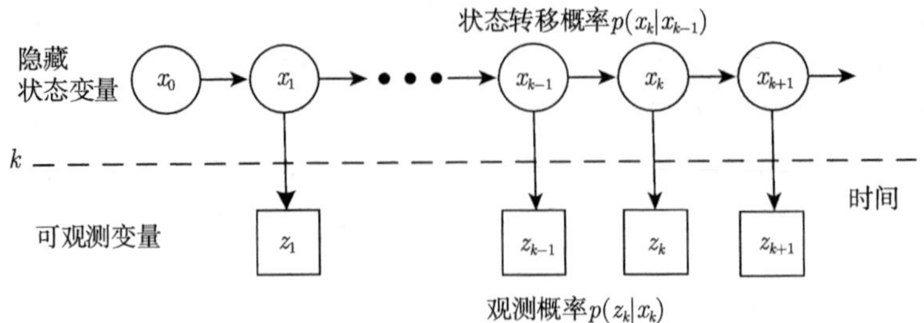

图 1.3 动态状态空间模型的示意图

图 1.3 中, x_k 是 k 时刻目标的隐藏状态变量, 或称为系统变量; z_k 是目标相应的观测变量, 一般包括噪声干扰因素, 它可以从图像中通过检测手段获得, 反映了目标当前的新形式; x_k 是需要估计的未知变量, 在动态状态空间下遵守一阶隐马尔可夫过程; $p(x_k|x_{k-1})$ 是状态转移概率, 反映了目标在帧间的运动关系, $p(z_k|x_k)$ 表示似然函数. 视频目标跟踪问题的状态转移方程和观测方程可以被描述为

$$\text{状态模型:} \quad x_k = f_k(x_{k-1}, v_k) \tag{1.1}$$

$$\text{观测模型:} \quad z_k = h_k(x_{k-1}, u_k) \tag{1.2}$$

其中, f_k 和 h_k 可以是线性或非线性时变函数; v_k 和 u_k 为同分布的零均值过程噪声和观测噪声. 依据贝叶斯估计理论, 跟踪问题被转化成通过给定 k 时刻前获得的观测样本集合 $z_{1:k} = \{z_1, z_2, \cdots, z_k\}$, 跟踪过程是估计系统状态变量 x_k 的后验概率密度函数 $p(x_k|z_{1:k})$. 后验概率密度的估计通过预测和修正两个步骤迭代计算, 在预测过程中, $k-1$ 时刻的后验概率密度为 $p(x_{k-1}|z_{1:k-1})$ 经过动态模型 $p(x_k|x_{k-1})$ 状态转移得到当前 k 时刻的预测概率密度函数 $p(x_k|z_{1:k-1})$:

$$\text{预测:} \quad p(x_k|z_{1:k-1}) = \int p(x_k|x_{k-1})p(x_{k-1}|z_{k-1})\mathrm{d}x_{k-1} \tag{1.3}$$

修正过程是在获得 x_k 对应的观测信息 z_k 后, 预测概率密度函数 $p(x_k|z_{1:k-1})$ 依据似然函数 $p(z_k|x_k)$ 进行更新及归一化, 得到系统状态的最终后验概率密度函数分布 $p(x_k|z_{1:k})$ 为

$$\text{更新:} \quad p(x_k|z_{1:k}) = \frac{p(z_k|x_k)p(x_k|z_{1:k-1})}{p(z_k|z_{1:k-1})} \tag{1.4}$$

其中, $p(z_k|z_{1:k})$ 是与状态变量 x_k 无关的数值常量, 其表达形式为

$$p(z_k|z_{1:k}) = \int p(z_k|x_k)p(x_k|z_{1:k-1})\mathrm{d}x_k \tag{1.5}$$

虽然, 递归贝叶斯滤波概率的模型表达式 (1.4) 和式 (1.5) 已经获得, 但计算时会存在高维积分运算, 这种情况在实际中很难获得最优解析解, 因此需要通过近似

解来实现贝叶斯最优估计. 当 f_k 和 h_k 为线性时变函数, 噪声 v_k 和 u_k 为高斯形式时, 卡尔曼滤波 (Kalman Filter)[73] 可以获得最优的状态估计并用于跟踪. 当目标运动为非线性时变函数时, 更多改进的贝叶斯滤波近似求解的方法有扩展卡尔曼滤波[74](Extended Kalman Filter, EKF) 和 Unscented 卡尔曼滤波[75], 并分别被用于跟踪算法中. 然而, 当噪声分布符合非高斯分布时, 粒子滤波方法被广泛使用来近似计算贝叶斯滤波.

3. 基于机器学习的目标识别与跟踪方法

机器学习方法引入到目标跟踪问题中, 其主要目标是提高传统目标表示形式的鲁棒性, 利用不同的学习策略使提炼的目标表示形式能够适应各种挑战性跟踪问题, 不但使模型具有很好的辨识度, 而且能够将目标和背景分离, 更重要的一点是需要满足一定的鲁棒性. 而这种方法最具有代表性的研究内容就是基于外观模型学习的目标跟踪方法研究. 依据外观模型学习形式的不同, 将目标跟踪方法分为: 产生式和判别式两种形式. 产生式跟踪方法仅仅考虑目标的外观建模, 跟踪过程被转化成在候选区域寻找与目标最相似的观测样本. 判别式方法将跟踪视为二分类过程, 它的主要目标是获得能够精确从背景中把目标分离的分类器, 同时实时更新模型以适应跟踪环境的变化.

1) 产生式外观模型跟踪算法

固定分量混合产生式模型[76,77] 和自适应分量混合产生式模型[78,79], 在跟踪过程中通过更新混合模型参数以适应目标外观变化. 基于子空间外观建模方法[80−83] 降低了表征目标的数据维数, 减少了图像间的冗余信息, 获得了很好的跟踪效果. 基于张量子空间的外观建模方法[84−86] 直接对图像矩阵进行操作, 避免了上述算法将目标图像转换成向量形式而带来的信息丢失问题, 提高了运行效率和跟踪精度. 随着跟踪算法研究的不断深入, 这些线性变换条件下的目标表示形式难以满足目标变化多样性需求. 基于多子空间组合逼近[87] 和 LLE 非线性降维[88] 的外观建模方法, 对目标变化有了很好的描述形式, 对轨迹漂移和遮挡问题具有很好的处理能力, 跟踪算法鲁棒性得到了提高.

近些年, 基于稀疏表示的外观建模方式被成功地应用到视频跟踪问题中, 并取得了大量的研究成果. Zhang 等[89] 对基于稀疏表示的视频跟踪算法进行了总结, 将这些方法主要归为四类: 全局稀疏表示[90−94]、局部稀疏表示[95,96]、联合稀疏表示[97−99] 和文献 [89] 提出的结构稀疏表示. 其中, 基于全局稀疏表示的跟踪算法主要是通过字典模板集合对每个候选目标进行线性表出, 同时动态更新字典模板, 以保持模型对目标外观变化的适应能力, 这种目标外观描述方式对部分遮挡问题具有较好的适应能力, 提高了算法的持续性跟踪能力. 基于局部稀疏表示的跟踪算法主要是通过从目标上选取的局部图像子块构造字典, 然后将局部子块利用字典进行线性表出. 基于联合稀疏模型的跟踪算法, 在选取候选目标时一般均采用了粒子滤波理论, 这种随机采集的候选样本一般具有很大的相关性, 联合稀疏模型的目标是尽快能挖掘这些粒子之间的关系, 从而提高跟踪效果. 基于结构稀疏表示模型的跟踪算法不仅考虑了各子块之间的内在关系, 而且考虑了各子块间的结构关系, 取得了很好的跟踪效果.

最近, 深度学习理论的研究受到国内外学者的广泛关注, 围绕深度学习建立产生式外观模型的方法也不断涌现, 这将成为目标识别与跟踪研究领域的一个极具有潜力的发展方向.

2) 判别式外观模型跟踪算法

相对于产生式跟踪算法, 判别式外观模型跟踪算法对轨迹漂移问题具有一定的抑制作用. 如图 1.4 所示, 实线框给定了跟踪目标, 虚线框给定了邻域范围, 跟踪过程中需要对目标和目标周围的区域进行样本采集, 获得相应的训练样本和测试样本, 再通过分类器在每帧图像中将目标从背景中分离.

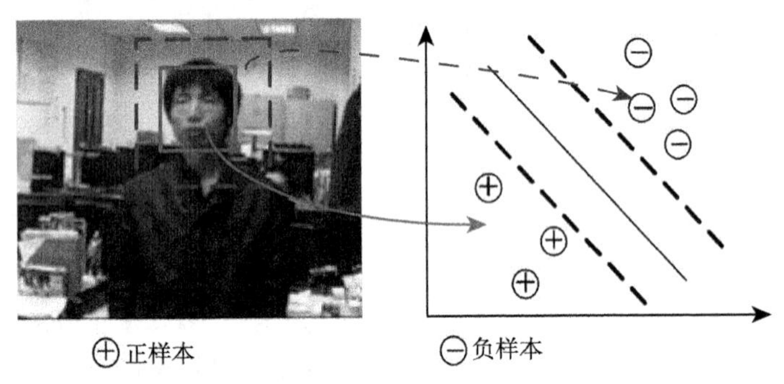

图 1.4　图像信息转化成训练样本示意图

文献 [100] 最早提出将跟踪问题转换成二分类问题的策略, 从每帧内获取来自目标的正样本和来自背景的负样本, 然后通过离线训练的分类器在视频序列中正确分类出目标以实现目标定位, 该方法为视频目标跟踪算法研究提出了一个新的研究方向. 很明显, 这种离线训练的分类器无法适应目标外观的多样性变化, 因此很多新的在线跟踪方法被不断提出, 其主要包括: 基于 SVM 分类器的在线跟踪算法[101,102]、基于 LDA 分类器的在线跟踪算法[103−105]、基于 Boosting 分类器的在线跟踪算法[106−108] 及基于其他分类器[109−111] 实现的在线跟踪算法. 它们分别从不同的侧面提高了算法对目标外观变化的适应能力, 使分类器能够时刻保持对目标和背景的有效分离.

最近, 基于相关滤波理论的分类式外观建模方法成为研究热点.

1.4 图像稀疏表示理论

1.4.1 稀疏表示模型

图像稀疏表示成为计算机视觉研究领域中的研究热点, 它能够获取图像中的主要特征信息和关键特征信息, 消除图像中隐含冗余信息的干扰, 有利于更高级别图像的处理和分析. 最早, 图像稀疏表示理论启发于生物学中对动物视觉系统响应的统计与分析, 具体实现可以追溯到傅里叶变换. 图像采用傅里叶变换后, 可以获得满足稀疏性的高频分解系数, 但傅里叶变换不能描述图像的局部变化. 于是研究者提出了小波变换, 因其能够实现图像局部信息的放大受到很多关注, 但它对具有边缘、轮廓等复杂方向性信息的图像进行处理时无法获得很好的结果. 1996 年, Olshausen[112] 提出了图像的稀疏表示方法, 它能够体现人类视觉系统的方向性特征, 随后, 又出现了 Ridgelet 变换[113]、Curvelet 变换等新方法, 它们均克服了小波变换的不足.

近些年, 随着感知压缩等相关技术的不断发展, 研究者发现采用超完备字典 (Over-Completed Dictionary) 表示图像, 能够获得更好的稀疏表示. 超完备图像稀疏表示最早由 Mallat 提出, 并给出了匹配追踪 (Matching Pursuit, MP)[114] 算法. 接着, Donoho 提出了基追踪 (BP) 算法[115]. 超完备稀疏表示能够从基元素集合中选择少量的基向量来重构图像, 通过对基向量的分析获得图像的主要特征和内部关系. 这里, 基元素集合称为字典, 字典中的基元素也被称为原子, 每个原子代表对应图像中的一个外观表示.

给定超完备字典为 $A=[a_1,\cdots,a_n]\in\mathbb{R}^{m\times n}(n\gg m)$. 然而, 如果 $m=n$, 则 A 中的基元素线性无关并称之为完备字典; 如果 $m>n$, 则 A 中的基元素线性相关并称之为冗余字典. 这里, n 代表字典中基的数目, 也称为原子的数目, 每一列 $a_i\in\mathbb{R}^{m\times 1}$ 对应每个基元素, 其维数是 $m\times 1$, 它是经过图像样本拉伸获得的高维列向量. 于是, 样本 y 在这个超完备字典 A 中可以表示为基元素的一个线性组合, 如式 (1.6) 所示:

$$y=Ax=a_1x_1+a_2x_2+\cdots+a_nx_n \tag{1.6}$$

令 $c=[x_1,x_2,\cdots,x_n]^{\mathrm{T}}$, 图像稀疏表示期望 c 中非零元素的个数尽量少. 如图 1.5 所示, 图像稀疏表示中白色区域代表零元素, 彩色区域代表非零元素.

稀疏表示表现出两个特征: 超完备性和稀疏性. 传统的稀疏表示, 一般需要提前构造正交基, 而正交基之间相互独立且不含冗余, 使得图像表示并不十分稀疏, 如傅里叶变换和小波变换. 超完备字典包含更丰富的原子个数, 能够提高稳定的稀疏图像表示. 图像表示的稀疏性是指仅仅需要字典中的少量基元素就能对图像进行线性表示. 那么如何对稀疏程度进行估计, 或者说什么情况下才能满足稀疏要求, 将在 1.4.2 节进行讨论.

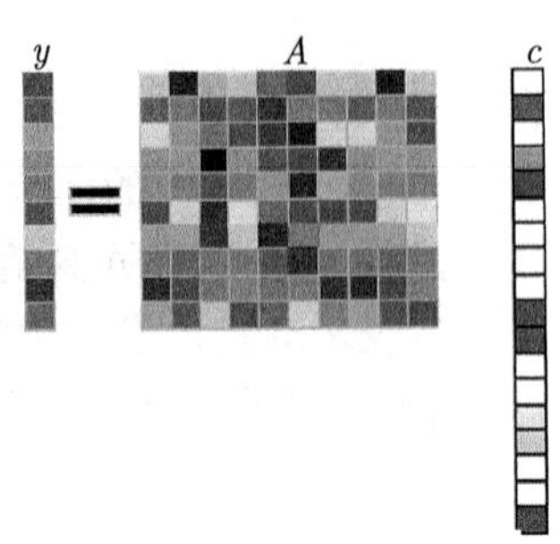

图 1.5　图像稀疏表示示意图 (后附彩图)

1.4.2　稀疏表示的度量

数学分析中, l_p 范数经常被用来度量重构信号稀疏度, 给出信号 $y=(y_1,y_2,\cdots,y_N)^{\mathrm{T}}$ 的 l_p 范数为[116]

$$\|y\|_p=\left(\sum_{i=1}^{N}|y|_i^p\right)^{1/p} \tag{1.7}$$

其中, 当 $p=0$ 时, l_0 范数是指信号 y 中非零元素的个数; 当 $p=1$ 时, l_1 范数是指信号 y 中元素的绝对值之和, 即 $\|y_i\|=\sum\limits_{i=1}^{N}|y_i|$; 当 $p=2$ 时, l_2 范数称为 N 维空间中的欧氏范数; 当 $p=\infty$ 时, l_∞ 范数是指信号 y 中元素绝对值的最大值. 因此, 对于信号 y 最直观的稀疏测度为求解它的 l_0 范数, 则欠定线性方程组式 (1.6) 的求解问题可以转换为如下优化问题来解决:

$$\min\|x\|_0,\quad \text{s.t.}\quad y=Ax \tag{1.8}$$

由于 l_0 范数是离散且不连续的, 求解属于典型的组合寻优问题, 对于式 (1.8) 的求解已经证明是个 NP 问题[117].

1.4.3　稀疏表示的优化算法

在噪声模型下, 式 (1.8) 可以写成如下形式:

$$\min\|x\|_0,\quad \text{s.t.}\quad \|y-Ax\|_2^2<\varepsilon \tag{1.9}$$

这里, ε 表示稀疏表示的误差量或者测量带来的噪声水平阈值. 对于这种优化问题, 目标主要有以下几种求解方法:

1) 贪婪算法

贪婪算法是一种经常使用的最优化求解方法, 它通过多次迭代运算求解出局部的最优解, 最终能够逼近原始信号, 该算法对速度有很大的改善. 这类算法主要包括: 匹配追踪法和改进 MP 的正交匹配追踪法 (Orthogonal Matching Pursuit, OMP)[118]. 另外, 其他的一些改进算法, 如正则化的正交匹配追踪 (Regularized Orthogonal Matching Pursuit, ROMP)[119] 和子空间追踪 (Subspace Pursuit, SP)[120] 等求解方法.

匹配追踪是指通过 $y = Ax$ 重建最稀疏化的 x, 对于每次的迭代运算, 选择矩阵 A 的元素和向量 y 的剩余部分最相关的一列, 然后在 y 中抽取向量的系数再对其作进一步冗余迭代. 然而, 由于匹配追踪过程中投影变化的非正交性, 迭代次数较多. 因此, 正则化正交匹配追踪算法被提出, 该算法在每次迭代式选择 k 个原子, 再对其进行正则化, 最终获得最优的支撑基. 匹配追踪算法具有很好的重建效果和很快的重建速度, 目标受到广泛使用.

2) l_1 最小化求解

对于式 (1.8) 的求解, 斯坦福大学的 Donoho 教授证明, 只要信号足够稀疏, 优化问题中的 l_0 范数可以用 l_1 范数来替代, 而且获得的解几乎是等价的, 因此式 (1.8) 被转化成关于 l_1 范数的凸优化问题:

$$\min \|x\|_1, \quad \text{s.t.} \quad y = Ax \tag{1.10}$$

一般情况下, 信号测量过程中会包含误差或噪声, 为了考虑这种因素, 优化问题再次被转化成如下的约束问题:

$$\min \|x\|_1, \quad \text{s.t.} \quad \|y - Ax\|_2^2 < \varepsilon \tag{1.11}$$

这种方法可以在一定条件下采用稀疏信号进行精确重建. 对于这个优化问题的求解有很多种方法. 常用的有迭代阈值算法 (ISA) 及 Osher 等提出的布雷格曼迭代法 (Bregman Iterative, BI).

3) LASSO 算法

LASSO(Least Absolute Shrinkage and Selection Operator) 算法是一种压缩估计的方法, 通过构造惩罚函数来获取精简模型, 把稀疏进行压缩, 设定其中的大部分系数为零. 它的实现过程为: 首先给定一个阈值, 若算法中的回归系数绝对值之和小于设定的阈值, 同时符合约束条件, 则判定具有最小残差平方和, 给定相应的回归系数值为零, 该算法可以获得精简的模型, 描述如下:

$$\|y - Ax\|_2^2 \leqslant \varepsilon, \quad \text{s.t.} \quad \min \|x\|_1 \tag{1.12}$$

LASSO 算法可以使某些回归系数压缩到几乎为零, 但算法没有考虑相邻回归系数间的差异, 从而使估计值具有较大的波动性. 因此, Tibshiralli 和 Sawnders 等进行了改进, 稀疏表达式又可以写成

$$\hat{x}=\min_{x}\frac{1}{2}\|y-Ax\|_2^2+\lambda\|b\|_1 \tag{1.13}$$

从而很好地获得了 y 在矩阵 A 下的稀疏系数矩阵. 式 (1.13) 中, 第一项为 l_2 范数, 该项表示了优化的稀疏向量 x 重建原始信号 y 的约束. 第二项是 l_0 范数, 即向量 x 中非零元的个数. 因此, 目标函数的第二项具有稀疏约束的作用, 从而使得向量 x 尽可能稀疏. 对于目标重建误差和稀疏性, 通过 λ 进行折中调节. λ 为零, 式 (1.13) 转化成 l_2 范数问题, 分解的稀疏无法保证其稀疏性. 如果 λ 较大, 过度追求稀疏性则会导致误差增强.

第 2 章　卫星轨道参数计算

为了通过卫星对各种飞行器、轮船和车辆进行精确定位, 本章给出了在适合于不同情况下的坐标系的转换算法及转换公式. 然而, 本章主要研究了导航卫星轨道的计算, 进而讨论了卫星的准确定位算法、高度、经纬度的确定, 为卫星在军事和民用等中的应用奠定了坚实的理论基础, 同时也是精确导航定位的必要前提; 不仅给出了卫星实时导航定位的计算解法, 还给出了仿真, 其结果表明坐标的变换不影响卫星的定位; 最后, 对未来的研究方向进行探讨.

2.1　引　　言

卫星轨道运动是地球引力和其他许多作用在卫星上的力产生的总结果, 如太阳和月球引力, 太阳辐射在卫星上的压力, 大气阻力, 以及其他天体引力作用在卫星上. 这样, 卫星精密轨道的计算就涉及复杂的卫星轨道力学模型[121,122]

应用卫星进行导航和定位, 首先要知道卫星轨道参数, 进而知道卫星在空间的精确位置坐标. 这样就必须对卫星轨道和卫星位置进行细致分析和研究, 恰当选择参数和精确计算, 以保证卫星准确入轨和卫星在各应用领域的职能实现, 如对各种飞行器、车辆、轮船的精密导航和定位, 以及对大地的准确测量等.

在以前的工作[123−125] 中, 都没有具体给出卫星轨道参数和位置的算法. 本章将讨论这些具体算法和参数及位置确定. 为此, 本节对确定轨道的各参数进行了分析和计算, 同时, 还要获得在任一时刻卫星的精确位置和速度, 那么, 为解算出这些参数、位置和速度, 就必须建立适当的坐标系, 但是, 最终还要知道在惯性或协议等所必需的坐标系中的卫星位置和速度坐标, 以进行更好的导航和定位. 这样, 就需要研究不同坐标系的转换, 给出转换算法和公式, 并进行仿真, 仿真结果表明坐标变换对卫星的定位没有影响. 最后, 还给出了卫星定位的方程及其一般解法. 这些研究不但是导航定位的重要理论, 而且保证在各种导航定位应用中, 通过这种计算, 卫星都能实施高精度导航定位.

本章为简单起见, 仅讨论卫星质点在地球质心引力作用下的二体问题运动方程, 且仅考虑地球自转的影响, 计算轨道参数、卫星位置坐标和用户位置坐标.

2.2　卫星轨道描述

在二体问题的理想条件下, 由开普勒第一定律知, 卫星的运行轨道就是一组以地球中心为原点或焦点的圆锥曲线族. 圆锥曲线族有四种类型, 即圆、椭圆、抛物线和双曲线, 卫星在运行中究竟取何种轨道, 取决于卫星的地面发射高度、入轨速度和入轨方向. 若在某一高度卫星的入轨方向平行于地面, 则按入轨速度划分的轨道类型有椭圆轨道 I 、圆轨道、椭圆轨道 II 、抛物线轨道和双曲线轨道, 详细情况见文献 [123], 但用于导航定位的卫星轨道是以地球中心为焦点的椭圆, 所以这里讨论椭圆轨道情况.

椭圆的形状用长半轴 a 和短半轴 b 确定, 或用长半轴 a 和离心率 e 来确定. 如图 2.1 所示, 轨道上靠近或远离地球焦点的位置分别称为近地点和远地点.

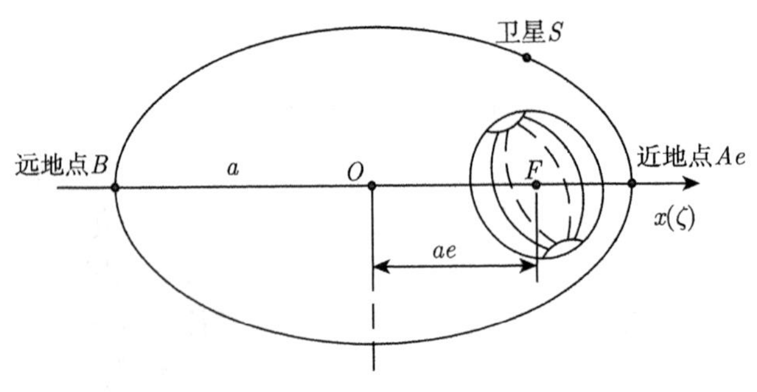

图 2.1　卫星的运行轨道

既然卫星的运行轨道是椭圆, 那么就需要确定椭圆的轨道参数. 为了计算简单且快速定位, 可在椭圆轨道面上建立平面直角坐标系或极坐标系, 建立直角坐标系的原点在椭圆中心或靠近近地点的焦点上, 而极坐标系的极点建在靠近近地点的焦点上, 如图 2.2 所示.

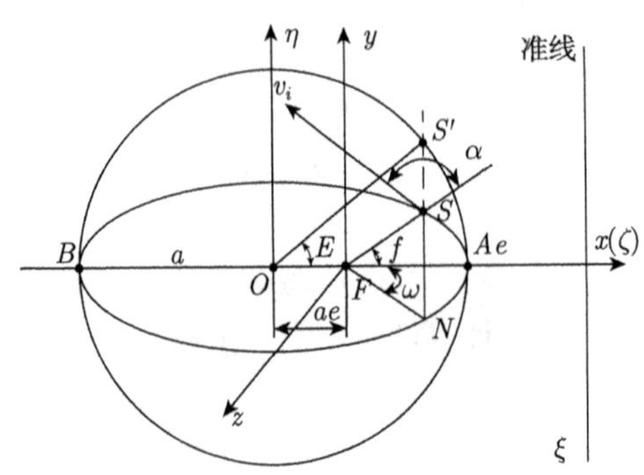

图 2.2　轨道平面坐标系

然而为了方便地描述卫星运动、处理导航定位数据和表示飞行器运动状态，经常用到的坐标系是惯性坐标系，如图 2.3 所示.

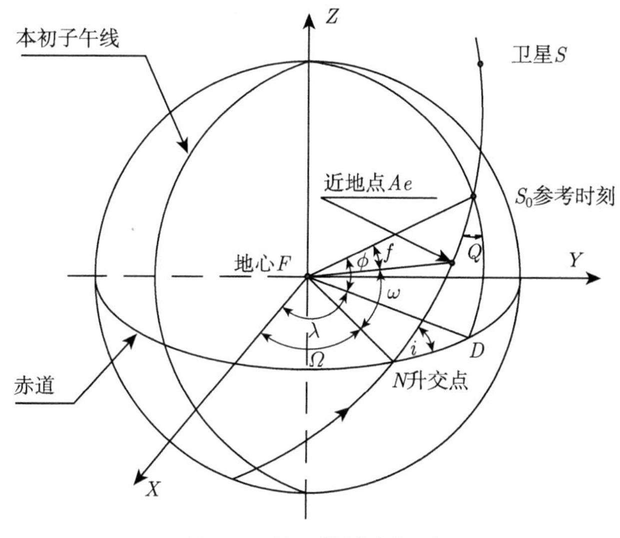

图 2.3 地心惯性坐标系

并且在图 2.2 和图 2.3 中表示出了相应的轨道参数. 这些轨道参数的意义及有关术语的定义表述如下：

E: 偏近点角或中心角，而以椭圆中心为顶点，由近地点起算的对应于真近点的中心角.

f: 真近点角或极角，即由近地点起算的向径或极径转角.

N: 卫星由南向北穿过赤道所经过的交点，即卫星轨道与赤道的交点称为升交点.

Ω: 升交点经度.

i: 卫星轨道倾角，即在 N 点处，轨道正方向与赤道正方向的平面夹角.

ω: 近点角距，即焦点 F 和升交点 N 之间的连线与焦点 F 和近地点 Ae 的连接线的夹角，见式 (2.15) 中的角 $E(t)$.

M: 平近点角，即由近地点起算的随时间变化而均匀增大的平均近点角.

Q: 轨道面同卫星通过点子午面的交角.

$t_{\rm e}$: 卫星通过近地点时刻.

λ: 卫星通过点的经度.

ϕ: 卫星通过点的纬度.

$\boldsymbol{r}$: 从地球中心到卫星中心的矢量，其模是 r.

从图 2.3 中可以知道，(Ω, i) 是确定轨道方位的参数，(Ω, i, ω) 给出了轨道空间的位置, (a,e) 是确定椭圆轨道形状和大小的参数, (a,e,f) 描述了卫星在轨道面上的位置, ω 是确定近地点位置的参数. M 也是确定卫星在轨道面上的位置, 且 M 中隐含 t_{e}. 因此, 描述卫星轨道的空间位置和卫星在其轨道上的位置有 6 个轨道参数, 即 $\{\varOmega,i,\omega,a,e,f\}$ 或 $\{\varOmega,i,\omega,a,e,t_{\mathrm{e}}\}$.

2.3 坐标系变换

为计算方便, 在这部分以平面坐标系变换算法为例, 给出平面和空间坐标变换公式. 在轨道平面内建立以地球中心为原点的直角坐标系, 如图 2.2 所示, 设轨道椭圆方程为

$$a_1x^2+2a_2xy+a_3y^2+2a_4x+2a_5y+1=0 \tag{2.1}$$

因为方程中含有 5 个独立的待定系数, 所以可在 5 个不同的时刻对卫星进行观察, 测得轨道上 5 个点的坐标 $(x_i,y_i),i=1,\cdots,5$, 将这 5 个点的坐标分别代入椭圆方程, 可解得方程的这 5 个系数. 而这 5 个系数没有明显的几何意义, 不能直接确定椭圆的长短半轴或离心率, 所以需将这个方程化为椭圆的标准方程, 这需作两次直角坐标系的变换, 即平移变换和正交 (旋转) 变换.

2.3.1 平移变换

平移变换的目的是消去一次项, 其几何意义是将原点移至椭圆中心 (x_0,y_0), 椭圆中心坐标为二阶线性方程组

$$\begin{cases} a_1x_0+a_2y_0+a_4=0 \\ a_2x_0+a_3y_0+a_5=0 \end{cases} \tag{2.2}$$

的解 (x_0,y_0). 构造变换

$$\begin{cases} x=\xi+x_0 \\ y=\eta+y_0 \end{cases} \tag{2.3}$$

是平面坐标系的平移公式, 将其代入原始方程 (2.1), 得

$$a_1\xi^2+2a_2\xi\eta+a_3\eta^2+F=0 \tag{2.4}$$

这里

$$F=a_1x_0^2+2a_2x_0y_0+a_3y_0^2+2a_4x_0+2a_5y_0+1$$

同理, 在空间直角坐标系中, 有式 (2.3) 的推广式, 即空间坐标系的平移公式:

$$\begin{cases} x=\xi+x_0 \\ y=\eta+y_0 \\ z=\varsigma+z_0 \end{cases} \tag{2.5}$$

2.3.2 正交变换

正交变换的目的是将式 (2.4) 中的二次型 $a_1\xi^2+2a_2\xi\eta+a_3\eta^2$ 标准化 (消去交叉项), 其几何意义是将椭圆在其中心旋转一定角度使椭圆长半轴与 ξ 轴重合. 引入矩阵符号, 令 $C=\begin{bmatrix} a_1 & a_2 \\ a_2 & a_3 \end{bmatrix}$. 于是方程 (2.4) 可变为

$$[\xi,\eta]\,C\,[\xi,\eta]^{\mathrm{T}}+F=0 \tag{2.4$'$}$$

由于系数阵 C 是对称阵, 则可求出矩阵 C 的特征值 λ_1 和 λ_2, 对应的特征向量经标准正交化化为 α, β, 即满足 $\alpha^{\mathrm{T}}\alpha=1$, $\beta^{\mathrm{T}}\beta=1$, $\alpha\beta=0$. 由正交矩阵 $U=[\alpha\ \beta]$ 构造正交变换

$$\begin{bmatrix} \xi \\ \eta \end{bmatrix}=U\begin{bmatrix} u \\ v \end{bmatrix} \tag{2.6}$$

代入方程 (2.4)$'$, 得

$$[u\ \ v]\,U^{\mathrm{T}}CU\,[u\ \ v]^{\mathrm{T}}+F=0$$

由于

$$U^{\mathrm{T}}CU=\begin{bmatrix} \alpha^{\mathrm{T}} \\ \beta^{\mathrm{T}} \end{bmatrix}C\,[\alpha\ \beta]=\begin{bmatrix} \lambda_1\alpha^{\mathrm{T}}\alpha & \lambda_2\alpha^{\mathrm{T}}\beta \\ \lambda_1\beta^{\mathrm{T}}\alpha & \lambda_2\beta^{\mathrm{T}}\beta \end{bmatrix}=\begin{bmatrix} \lambda_1 & 0 \\ 0 & \lambda_2 \end{bmatrix}$$

所以方程 (2.4) 经正交变换后, 化为

$$\lambda_1u^2+\lambda_2v^2+F=0 \tag{2.7}$$

由此得椭圆标准方程

$$\frac{u^2}{a^2}+\frac{v^2}{b^2}=1 \tag{2.8}$$

其中, $a=\sqrt{-F/\lambda_1},b=\sqrt{-F/\lambda_2}$ 分别为椭圆的长半轴和短半轴. 则椭圆偏心率 $e=\dfrac{\sqrt{a^2-b^2}}{a}$.

实际上, 当坐标系绕原点旋转 θ 时, 得到的特征向量为 $\alpha=\begin{bmatrix} \cos\theta \\ -\sin\theta \end{bmatrix},\beta=\begin{bmatrix} \sin\theta \\ \cos\theta \end{bmatrix}$, 则得到正交变换的正交矩阵为 $u=[\alpha\ \ \beta]=\begin{bmatrix} \cos\theta & \sin\theta \\ -\sin\theta & \cos\theta \end{bmatrix}$, 记作

$$R(\theta)=\begin{bmatrix} \cos\theta & \sin\theta \\ -\sin\theta & \cos\theta \end{bmatrix} \tag{2.9}$$

是平面坐标系旋转变换矩阵.

同理可得, 空间坐标系旋转变换矩阵为

$$\left\{\begin{aligned} R_x(\theta) &= \begin{bmatrix} 1 & 0 & 0 \\ 0 & \cos\theta & \sin\theta \\ 0 & -\sin\theta & \cos\theta \end{bmatrix} \\ R_y(\theta) &= \begin{bmatrix} \cos\theta & 0 & -\sin\theta \\ 0 & 1 & 0 \\ \sin\theta & 0 & \cos\theta \end{bmatrix} \\ R_z(\theta) &= \begin{bmatrix} \cos\theta & \sin\theta & 0 \\ -\sin\theta & \cos\theta & 0 \\ 0 & 0 & 1 \end{bmatrix} \end{aligned}\right. \tag{2.10}$$

2.3.3 直角坐标与极坐标的转换

如图 2.2 所示, 以焦点 F 为极点, FAe 为极轴建立的极坐标系, 与以同一焦点 F 为原点, FAe 为 x 轴建立的直角坐标系 xFy. 对于同一点 S, 有极坐标 $S(r,f)$ 和直角坐标 $S(x,y)$, 由图 2.2 的几何知识可得直角坐标与极坐标的转换

$$\left\{\begin{aligned} x &= r\cos f \\ y &= r\sin f \end{aligned}\right. \tag{2.11}$$

或

$$\left\{\begin{aligned} r &= \sqrt{x^2+y^2} \\ f &= \arctan\frac{y}{x} \end{aligned}\right. \tag{2.12}$$

同理, 由图 2.3 可得空间直角坐标与球坐标的转换为

$$\begin{bmatrix} x \\ y \\ z \end{bmatrix} = r\begin{bmatrix} \cos\phi\cos\lambda \\ \cos\phi\sin\lambda \\ \sin\phi \end{bmatrix} \tag{2.13}$$

或

$$\left\{\begin{aligned} r &= \sqrt{x^2+y^2+z^2} \\ \lambda &= \arctan\frac{y}{x} \\ \phi &= \arctan\frac{z}{\sqrt{x^2+y^2}} \end{aligned}\right. \tag{2.14}$$

2.4 导航定位方法

导航定位指的是利用卫星图像中地面控制点的已知精确地理位置和直接定位计算出来的地理位置之间的误差, 来修正直接定位中所采用的卫星定位参数, 并用修正后的卫星定位参数进行卫星图像像元的再定位. 导航定位的目的是纠正整体定位误差, 计算采用的数学模型是在最小二乘准则下调整卫星定位参数.

2.4.1 轨道计算

轨道计算就是根据已知的发射条件来计算卫星轨道参数和卫星在给定时刻 t 时的位置和速度.

1. 卫星入轨时的轨道参数的计算

轨道参数的计算就是根据已知的发射条件, 并根据导航电文给出的轨道摄动参数, 进行摄动修正, 计算修正后的轨道参数. 而导航电文给出的轨道摄动参数, 是由地面注入站注入卫星的, 这些摄动参数是由导航定位计算出的.

如图 2.2 所示, O 为椭圆中心, F 为椭圆焦点. 现以 O 为中心, 以 a 为半径作椭圆的外接圆. 若在某一时刻卫星位于 S 点, 过 S 点作垂线交外接圆于 S' 点, 连接 OS', 则角 $S'OAe$ 即为 S 点卫星的偏近点角 E.

有开普勒方程[121]

$$E(t) - e\sin E(t) = n(t - t_e) \tag{2.15}$$

这里, n 为卫星运行的平均角速度, t 为任意时刻, t_{e} 是卫星通过近地点时刻. 设 $M(t) = n(t - t_{\mathrm{e}})$, 则有

$$E(t) - e\sin E(t) = M(t) \tag{2.15$'$}$$

再由图 2.2 的几何关系, 得

$$\cos f(t) = \frac{a}{r}\left[\cos E(t) - e\right] \tag{2.16}$$

由圆锥曲线的定义及椭圆焦点到相应准线的距离 $\dfrac{b^2}{ae} = \dfrac{a^2\left(1-e^2\right)}{ae} = \dfrac{a\left(1-e^2\right)}{e}$, 有椭圆轨道方程 $\dfrac{r}{\dfrac{a\left(1-e^2\right)}{e} - r\cos f} = e$, 即

$$r = \frac{a\left(1-e^2\right)}{1 + e\cos f} \tag{2.17}$$

把式 (2.17) 代入式 (2.16) 得

$$\cos E(t)=\frac{\cos f(t)+e}{1+e\cos f(t)} \tag{2.18}$$

或

$$\cos f(t)=\frac{\cos E(t)-e}{1-e\cos E(t)} \tag{2.19}$$

有 $\sin f(t)=\dfrac{\sin E(t)\sqrt{1-e^2}}{1-e\cos E(t)}$, 根据开普勒第三定律, 卫星周期为

$$T=2\pi\sqrt{\frac{a^3}{\mu}} \tag{2.20}$$

这里, μ 为开普勒常数, $\mu=398603\ \mathrm{km^3/s^2}$, $\mu=G(m+m_{\mathrm{s}})$, $G=6.67\times10^{-20}\mathrm{km^3/(kg\cdot s^2)}$ 是万有引力常数, m 为地球质量, m_{s} 为卫星质量, 与地球质量相比, m_{s} 可忽略. 则卫星平均角速度为

$$n=\frac{2\pi}{T}=\sqrt{\frac{\mu}{a^3}} \tag{2.21}$$

对式 (2.15) 关于 t 求导, 得

$$\dot{E}=\frac{\sqrt{\dfrac{\mu}{a^3}}}{1-e\cos E} \tag{2.22}$$

代入式 (2.19) 的求导式, 得

$$\dot{f}=\sqrt{1-e^2}\cdot\sqrt{\frac{\mu}{a^3}}\cdot\frac{(1+e\cos f)^2}{(1-e^2)^2} \tag{2.23}$$

代入式 (2.17) 关于 t 求导的式子, 得

$$\dot{r}=\frac{a\left(1-e^2\right)e\sin f\cdot\dot{f}}{(1+e\cos f)^2}=e\sin f\cdot\sqrt{\frac{\mu}{a\left(1-e^2\right)}} \tag{2.24}$$

从椭圆的焦点 F 再作一个 z 轴, 与 x,y 轴构成右手坐标系, 如图 2.2 所示. 则卫星 S 点的位置和速度在这个 xyz 坐标系中可以表示为

$$\boldsymbol{r}=r\begin{bmatrix}\cos f\\ \sin f\\ 0\end{bmatrix} \tag{2.25}$$

$$\dot{\boldsymbol{r}}=\dot{r}\begin{bmatrix}\cos f\\ \sin f\\ 0\end{bmatrix}+r\begin{bmatrix}-\sin f\cdot\dot{f}\\ \cos f\cdot\dot{f}\\ 0\end{bmatrix}=\sqrt{\frac{\mu}{a\left(1-e^2\right)}}\cdot\begin{bmatrix}e\sin f\cos f\\ e\sin^2 f\\ 0\end{bmatrix}$$

$$
+\sqrt{\frac{\mu}{a\left(1-e^{2}\right)}}\begin{bmatrix} -\sin f-e\sin f\cos f \\ \cos f+e\cos^{2} f \\ 0 \end{bmatrix}=\sqrt{\frac{\mu}{a\left(1-e^{2}\right)}}\begin{bmatrix} -\sin f \\ \cos f+e \\ 0 \end{bmatrix} \tag{2.26}
$$

则对应的速度大小为

$$
\begin{aligned}
v^{2} &=\frac{\mu}{a\left(1-e^{2}\right)}\left[(-\sin f)^{2}+(\cos f+e)^{2}\right] \\
&=\frac{\mu}{a\left(1-e^{2}\right)}\left(1+2e\cos f+e^{2}\right)=\mu\left[\frac{2\left(1+e\cos f\right)}{a\left(1-e^{2}\right)}-\frac{1-e^{2}}{a\left(1-e^{2}\right)}\right]
\end{aligned}
$$

即

$$
v^{2}=\mu\left(\frac{2}{r}-\frac{1}{a}\right) \tag{2.27}
$$

通常已知的发射条件有入轨点向径 $r_i=R+H$、入轨速度 v_i、入轨方向 α、入轨点经度 λ_i、入轨点纬度 ϕ_i、轨道面同卫星入轨点子午面的交角 Q_i、入轨时刻 t_i. 这里 H 为相对于地面的卫星发射高度, R 为地球平均半径.

由图 2.3 中的角 $i,\omega,\Omega,Q,\lambda,\phi$ 的定义, 把这些角从图 2.3 中的四面体 S_0-FND 中抽取出来, 如图 2.4 所示.

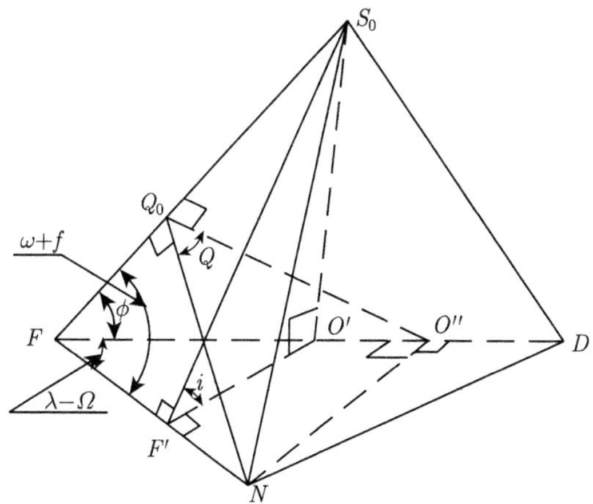

图 2.4 卫星和轨道角的位置

① a 和 e 的一种计算方法是: 可由观测数据计算出轨道方程, 经坐标变换, 得到椭圆轨道的标准方程 (2.8), 从而得到 a 和 $e=\dfrac{\sqrt{a^2-b^2}}{a}$.

另一种方法就是: 由已知的入轨点向径 $r_i=R+H$ 和入轨速度 v_i, 再由速度公式 (2.27), 可得

$$
a=\frac{\mu r_i}{2\mu-v_i^2 r_i} \tag{2.28}
$$

如图 2.2 所示, 卫星在入轨时, 卫星向径 $\boldsymbol{r}$ 扫过的面积速度 (单位时间内扫过的面积) 是 $\frac{1}{2}r_i \cdot v_i \sin\alpha$.

令 h 是卫星向径扫过面积速度的 2 倍, 则这时有

$$h = r_i v_i \sin\alpha \tag{2.29}$$

在周期 T 时间内, 卫星向径 $\boldsymbol{r}$ 扫过的面积就是椭圆的面积 $\pi a^2\sqrt{1-e^2}$, 则有 $h = \frac{2\pi a^2\sqrt{1-e^2}}{T}$, 由周期式 (2.2) 得

$$h = \sqrt{\mu a\left(1-e^2\right)} \tag{2.30}$$

由式 (2.29) 和式 (2.30) 得

$$e = \sqrt{1 - \frac{r_i^2 v_i^2 \sin^2\alpha}{\mu a}} \tag{2.31}$$

② 真近点角 f 的求解:

由式 (2.17) 得

$$\cos f\left(t_i\right) = \frac{a\left(1-e^2\right) - r_i}{r_i e} \tag{2.32}$$

③ 偏近点角 E 的求解:

由式 (2.18) 可得偏近点角 $E(t_i)$, $\cos E\left(t_i\right) = \frac{\cos f\left(t_i\right) + e}{1 + e\cos f\left(t_i\right)}$.

④ 近地点时刻 t_{e} 的计算:

将求得的 $E(t_i)$ 值代入式 (2.15), 并由式 (2.21), 便可解出过近地点时刻 t_{e} 为

$$t_{\mathrm{e}} = t_i - \sqrt{\frac{a^3}{\mu}}\left[E\left(t_i\right) - e\sin E\left(t_i\right)\right] \tag{2.33}$$

⑤ 平近点角 $M\left(t_i\right)$ 的计算:

$$M\left(t_i\right) = n\left(t_i - t_e\right) \tag{2.34}$$

⑥ 角 Ω, i, ω 的计算:

由图 2.4 中的直角三角形, 及 $FS_0 = FN = FD$, 有

$$\sin\left(\omega+f\right)\cdot\cos Q = \cos\left(\lambda-\Omega\right)\cdot\sin\phi \tag{2.35}$$

$$\sin\left(\omega+f\right)\cdot\cos i = \sin\left(\lambda-\Omega\right)\cdot\cos\phi \tag{2.36}$$

$$\sin\left(\omega+f\right)\cdot\sin i = \sin\phi \tag{2.37}$$

则

$$\cos(\lambda - \Omega) = \frac{\cos Q}{\sin\phi} \cdot \sin(\omega + f) \tag{2.35$'$}$$

$$\sin(\lambda - \Omega) = \frac{\cos i}{\cos\phi} \cdot \sin(\omega + f) \tag{2.36$'$}$$

$$\sin(\omega + f) = \frac{\sin\phi}{\sin i} \tag{2.37$'$}$$

由式 (2.35)$'$ ∼ 式 (2.37)$'$ 得

$$\cos i = \cos\phi \cdot \sin Q \tag{2.38}$$

由上面计算出的 $f(t_i)$ 和已知的 λ_i, ϕ_i, Q_i 角, 再由式 (2.36)∼ 式 (2.38) 可得 i, ω, Ω.

2. 任意给定 t 时刻的轨道计算

摄动修正后的轨道参数和星历中的其他参数的计算如下：

设星历的基准时间为 t_e, 并设对应 t_e 时的平均角速度、轨道倾角、平近点角、升交点经度分别为 n_0, i_0, M_0 和 Ω_0. 由导航电文给出的摄动改正数有：卫星平均角速率偏移 Δn, 轨道倾角漂移率 $\dot{i}$, 升交点赤经漂移率 $\dot{\Omega}$. 同时, 电文还给出轨道的偏心率 e 和长半轴 a, 近地点角距 ω, 这些量都是由 2.4.1 节讨论得到的. 此外, 电文还给出地球自转角速度 ω_e, 真近点角和轨道倾角的摄动修正系数分别为 c_{fc} 和 c_{fs}, c_{ic} 和 c_{is}. 则计算经摄动修正后的量分别为：

① 卫星运行的平均角速度：

$$n = n_0 + \Delta n \tag{2.39}$$

② 归化观测时间

$$t_k = t - t_e \tag{2.40}$$

③ 观测时刻的卫星平近点角 $M(k)$ 记为 M_k,

$$M_k = M_0 + nt_k \tag{2.41}$$

④ 观测时刻的卫星偏近点角 $E(t_k)$ 记为 E_k, 由偏心率 e 和算得的 M_k, 用开普勒方程

$$E_k - e\sin E_k = M_k \tag{2.42}$$

进行计算. 由于式 (2.42) 是 E_k 的超越方程, 不宜直接解出 E_k 值, 故由下列牛顿迭代法解算.

由式 (2.42), 得 $E_k - e\sin E_k - M_k = 0$, 令 $f(E_k) = E_k - e\sin E_k - M_k$, 由于 $\dot{f} = \dfrac{\mathrm{d}f}{\mathrm{d}E_k} = 1 - e\cos E_k$, 且 $0 < e < 1$, 所以对任意的 E_k, 都有 $\dfrac{\mathrm{d}f}{\mathrm{d}E_k} \neq 0$. 取 E_k 的初始值 E_k^0 为 $E_k^0 = M_k$. 第一次迭代求 E_k 的近似值 E_k^1 为

$$E_k^1 = E_k^0 - \frac{f\left(E_k^0\right)}{\dot{f}\left(E_k^0\right)} = E_k^0 - \frac{E_k^0 - e\sin E_k^0 - M_k}{1 - e\cos E_k^0}$$

第 n 次迭代求 E_k 的近似值 E_k^n 为

$$E_k^n = E_k^{n-1} - \frac{f\left(E_k^{n-1}\right)}{\dot{f}\left(E_k^{n-1}\right)} = E_k^{n-1} - \frac{E_k^{n-1} - e\sin E_k^{n-1} - M_k}{1 - e\cos E_k^{n-1}}, \quad n = 1, 2, \cdots$$

由此得到迭代序列: $E_k^0, E_k^1, \cdots, E_k^{n-1}, E_k^n$.

因为 Newton 迭代法在根 E_k^* 的附近至少平方收敛, 所以对给定要求的误差界 $\varepsilon > 0$, 如果 $\left|E_k^n - E_k^{n-1}\right| < \varepsilon$, 迭代就终止. 此时的 E_k^n 即为给定时刻 t 时的偏近点角 E_k.

⑤ 计算真近点角 $f(t_k)$, 记为 f_k: 由式 (2.19) 得

$$\cos f_k = \frac{\cos E_k - e}{1 - e\cos E_k} \text{ 和 } \sin f_k = \frac{\sin E_k\sqrt{1 - e^2}}{1 - e\cos E_k}$$

则

$$f_k = \arctan\frac{\sin E_k\sqrt{1 - e^2}}{\cos E_k - e} \tag{2.43}$$

⑥ 计算摄动改正项 δ_f 和 δ_i:

$$\begin{cases} \delta_f = c_{fc}\cos 2\left(f_k + \omega\right) + c_{fs}\sin 2\left(f_k + \omega\right) \\ \delta_i = c_{ic}\cos 2\left(f_k + \omega\right) + c_{is}\sin 2\left(f_k + \omega\right) \end{cases} \tag{2.44}$$

⑦ 计算经摄动改正的真近点角 $u(t_k)$, 记为 u_k, 轨道倾角 $i(t_k)$, 记为 i_k, 升交点经度 $\varOmega(t_k)$, 记为 $\varOmega_k$,

$$\begin{cases} u_k = f_k + \omega + \delta_f \\ i_k = i_0 + \delta_i + \dot{i} \cdot t_k \\ \varOmega_k = \varOmega_0 + \left(\dot{\varOmega} - \omega_e\right)t_k - \omega_e t_e \end{cases} \tag{2.45}$$

3. 卫星位置和速度的计算

1) 卫星位置的计算

将得到的 u_k 代入式 (2.17) 可得给定时刻 t 时的向径 $r(t_k)$, 记为 r_k, 即卫星在轨道坐标系的位置为

$$r_k = \frac{a\left(1 - e^2\right)}{1 + e\cos u_k} \tag{2.46}$$

经坐标与直角 $F-xy$ 转换, 得 $\begin{cases} x_K = r_K \cos u_K \\ y_K = r_K \sin u_K \end{cases}$, 如图 2.2 所示, 进一步得卫星在坐标系 $F-xyz$ 中的位置为 $\begin{cases} x_k = r_k \cos u_k \\ y_k = r_k \sin u_k \\ z_k = 0 \end{cases}$, 即

$$\begin{bmatrix} x_k \\ y_k \\ z_k \end{bmatrix} = r_k \begin{bmatrix} \cos u_k \\ \sin u_k \\ 0 \end{bmatrix} \tag{2.47}$$

而我们需要的卫星坐标位置是卫星在地心惯性坐标系中的位置, 要得到它的惯性坐标, 需要坐标系的旋转. 旋转矩阵为

$$\begin{aligned} R_T &= R_z(-\Omega_k) R_x(-i_K) R_z(-\omega) \\ &= \begin{bmatrix} \cos\Omega_k \cos\omega - \sin\Omega_k \cos i_k \sin\omega & -\cos\Omega_k \sin\omega - \sin\Omega_k \cos i_k \cos\omega & \sin\Omega_k \sin i_k \\ \sin\Omega_k \cos\omega + \cos\Omega_k \cos i_k \sin\omega & -\sin\Omega_k \sin\omega + \cos\Omega_k \cos i_k \cos\omega & -\cos\Omega_k \sin i_k \\ \sin i_k \sin\omega & \sin i_k \cos\omega & \cos i_k \end{bmatrix} \end{aligned} \tag{2.48}$$

有

$$\begin{bmatrix} X_k \\ Y_k \\ Z_k \end{bmatrix} = R_T \begin{bmatrix} x_k \\ y_k \\ z_k \end{bmatrix}$$

即

$$\begin{cases} X_k = x_k(\cos\Omega_k \cos\omega - \sin\Omega_k \cos i_k \sin\omega) - y_k(\cos\Omega_k \sin\omega + \sin\Omega_k \cos i_k \cos\omega) \\ Y_k = x_k(\sin\Omega_k \cos\omega + \cos\Omega_k \cos i_k \sin\omega) + y_k(-\sin\Omega_k \sin\omega + \cos\Omega_k \cos i_k \cos\omega) \\ Z_k = x_k \sin i_k \sin\omega + y_k \sin i_k \cos\omega \end{cases} \tag{2.49}$$

2) 卫星速度的计算

对位置关于时间求导, 即可计算出卫星运动速度的三个分量 $\begin{bmatrix} \dot{X}_k \\ \dot{Y}_k \\ \dot{Z}_k \end{bmatrix}$. 其中, 用到的导数为

$$\begin{cases} \dot{E}_k = (n_0 + \Delta n)/(1 - e\cos E_k) \\ \dot{f}_k = \dfrac{1 + e\cos f_k}{\sqrt{1-e^2}} \cdot \dot{E}_k \\ \dot{u}_k = (1 - c_{fc}\sin f_k + c_{fc}\cos f_k)\dot{f}_k \end{cases}$$

$$\begin{cases} \dot{r}_k = \dfrac{a\left(1-e^2\right)e\sin u_k \cdot \dot{u}_k}{\left(1+e\cos u_k\right)^2} \\ \dot{i}_k = \left(-c_{ic}\sin f_k + c_{is}\cos f_k\right)\dot{f}_k + \dot{i} \\ \dot{\Omega}_k = \dot{\Omega} - \omega_e \\ \dot{x}_k = \dot{r}_k\cos u_k - r_k\sin u_k \cdot \dot{u}_k \\ \dot{y}_k = \dot{r}_k\sin u_k + r_k\cos u_k \cdot \dot{u}_k \end{cases} \tag{2.50}$$

则卫星运动速度的三个分量为

$$\begin{cases} \dot{X}_k = \dot{x}_k\left(\cos\Omega_k\cos\omega - \sin\Omega_k\cos i_k\sin\omega\right) - \dot{y}_k\left(\cos\Omega_k\sin\omega + \sin\Omega_k\cos i_k\cos\omega\right) \\ \qquad -x_k\left(\sin\Omega_k\cos\omega + \cos\Omega_k\cos i_k\sin\omega\right)\dot{\Omega}_k + x_k\sin\Omega_k\sin i_k\sin\omega\cdot\dot{i}_k \\ \qquad -y_k\left(-\sin\Omega_k\sin\omega + \cos\Omega_k\cos i_k\cos\omega\right)\dot{\Omega}_k + y_k\sin\Omega_k\sin i_k\cos\omega\cdot\dot{i}_k \\ \dot{Y}_k = \dot{x}_k\left(\sin\Omega_k\cos\omega + \cos\Omega_k\cos i_k\sin\omega\right) + \dot{y}_k\left(-\sin\Omega_k\sin\omega + \cos\Omega_k\cos i_k\cos\omega\right) \\ \qquad +x_k\left(\cos\Omega_k\cos\omega - \sin\Omega_k\cos i_k\sin\omega\right)\dot{\Omega}_k - x_k\cos\Omega_k\sin i_k\sin\omega\cdot\dot{i}_k \\ \qquad -y_k\left(\cos\Omega_k\sin\omega + \sin\Omega_k\cos i_k\cos\omega\right)\dot{\Omega}_k - y_k\cos\Omega_k\sin i_k\cos\omega\cdot\dot{i}_k \\ \dot{Z}_k = \dot{x}_k\sin i_k\sin\omega + \dot{y}_k\sin i_k\cos\omega + \left(x_k\cos i_k\sin\omega + y_k\cos i_k\cos\omega\right)\dot{i}_k \end{cases} \tag{2.51}$$

最后, 求 t 时刻卫星的赤经、赤纬 (λ_t, ϕ_t).

由 2.3.3 节中坐标变换式 (2.14), 有

$$\begin{cases} \lambda_t = \arctan\dfrac{Y_k}{X_k} \\ \phi = \arctan\dfrac{Z_k}{\sqrt{X_k^2+Y_k^2}} \end{cases} \tag{2.52}$$

2.4.2　定位计算

利用 GPS 卫星进行导航和定位的基本定位方程是

$$\rho_i = \sqrt{\left(x-x_{s_i}\right)^2 + \left(y-y_{s_i}\right)^2 + \left(z-z_{s_i}\right)^2} + c\left(\Delta t_u + \Delta t_{s_i}\right), \quad i=1,2,3,4 \tag{2.53}$$

式中, x,y,z 为在地球坐标系中待求的用户位置坐标; $x_{s_i}, y_{s_i}, z_{s_i}$ 为在地球坐标系中的第 i 颗 GPS 卫星位置坐标; c 为电波的传播速度; $\Delta t_u, \Delta t_{s_i}$ 分别为用户钟和卫星钟的钟差; ρ_i 为用户到第 i 颗卫星的伪距.

伪距方程 (2.53) 中包含了 x,y,z 和 Δt_u 4 个未知数, 要求解这些未知数, 必须建立 4 个独立的方程, 所以, 需要同时测量用户到 4 个卫星的伪距进行联立求解.

解算用户位置的方程组 (2.53) 为非线性方程组, 解算起来麻烦费时, 为了达到实时定位解算的目的, 必须将其转换为便于计算机解算的形式. 变化式 (2.53) 得

$$\left(x-x_{s_i}\right)^2 + \left(y-y_{s_i}\right)^2 + \left(z-z_{s_i}\right)^2 = \left(\rho_i - c\Delta t_u\right)^2, \quad i=1,2,3,4 \tag{2.54}$$

则矢量 $r_i=(x_{s_i}-x,y_{s_i}-y,z_{s_i}-z)^{\mathrm{T}}$ 是用户到第 i 颗卫星的矢量, 如果测得其方向余弦为 e_{i1},e_{i2},e_{i3}, 则 r_i 对应的单位矢量为 $e_i=(e_{i1},e_{i2},e_{i3})^{\mathrm{T}}$. 卫星和用户间的距离为

$$r_i=|r_i|=r_i\cdot e_i=\sqrt{(x_{s_i}-x)^2+(y_{s_i}-y)^2+(z_{s_i}-z)^2}$$

由式 (2.53), 得

$$r_i=\rho_i-c\Delta t_u-c\Delta t_{s_i}=\rho_i-l_u-l_{s_i} \tag{2.55}$$

这里, $l_u=c\Delta t_u$ 待定, $l_{s_i}=c\Delta t_{s_i}$ 已知. 设矢量 $r_u=(x,y,z)^{\mathrm{T}},r_{s_i}=(x_{s_i},y_{s_i},z_{s_i})^{\mathrm{T}}$, 则有

$$r_u=x_{s_i}-y_i \tag{2.56}$$

将式 (2.56) 两边同时乘以 e_i, 得

$$e_i\cdot r_u=e_i\cdot r_{s_i}-r_i \tag{2.57}$$

把式 (2.55) 代入式 (2.57) 得 $e_i\cdot r_u-l_u=e_i\cdot r_{s_i}-\rho_i+l_{s_i}$, 即

$$e_{i1}x+e_{i2}y+e_{i3}z-l_u=e_{i1}x_{s_i}+e_{i2}y_{s_i}+e_{i3}z_{s_i}+l_{s_i}-\rho_i,\quad i=1,2,3,4 \tag{2.58}$$

上述方程组是一个线性方程组, 求解过程相对而言比较容易. 方程组中的未知量是: x,y,z,l_u, 可以进一步将其改写为矩阵运算的形式:

$$\begin{bmatrix} e_{11} & e_{12} & e_{13} & -1 \\ e_{21} & e_{22} & e_{23} & -1 \\ e_{31} & e_{32} & e_{33} & -1 \\ e_{41} & e_{42} & e_{43} & -1 \end{bmatrix}\begin{bmatrix} x \\ y \\ z \\ l_u \end{bmatrix}$$

$$=\begin{bmatrix} e_{11}\,e_{12}\,e_{13}\,1 & 0 & \cdots & 0 & 0 & \cdots & 0 & 0 & \cdots & 0 \\ 0 & \cdots & 0 & e_{21}\,e_{22}\,e_{23}\,1 & 0 & \cdots & 0 & 0 & \cdots & 0 \\ 0 & \cdots & 0 & 0 & \cdots & 0 & e_{31}\,e_{32}\,e_{33}\,1 & 0 & \cdots & 0 \\ 0 & \cdots & 0 & 0 & \cdots & 0 & 0 & \cdots & 0 & e_{41}\,e_{42}\,e_{43}\,1 \end{bmatrix}\begin{bmatrix} S_1 \\ S_2 \\ S_3 \\ S_4 \end{bmatrix}-\begin{bmatrix} \rho_1 \\ \rho_2 \\ \rho_3 \\ \rho_4 \end{bmatrix}.$$

设 $A=\begin{bmatrix} e_{11} & e_{12} & e_{13} & -1 \\ e_{21} & e_{22} & e_{23} & -1 \\ e_{31} & e_{32} & e_{33} & -1 \\ e_{41} & e_{42} & e_{43} & -1 \end{bmatrix}$, $X_u=\begin{bmatrix} x \\ y \\ z \\ l_u \end{bmatrix}$, $S=\begin{bmatrix} S_1 \\ S_2 \\ S_3 \\ S_4 \end{bmatrix}$, $R=\begin{bmatrix} \rho_1 \\ \rho_2 \\ \rho_3 \\ \rho_4 \end{bmatrix}$

$$B=\begin{bmatrix} e_{11}\,e_{12}\,e_{13}\,1 & 0 & \cdots & 0 & 0 & \cdots & 0 & 0 & \cdots & 0 \\ 0 & \cdots & 0 & e_{21}\,e_{22}\,e_{23}\,1 & 0 & \cdots & 0 & 0 & \cdots & 0 \\ 0 & \cdots & 0 & 0 & \cdots & 0 & e_{31}\,e_{32}\,e_{33}\,1 & 0 & \cdots & 0 \\ 0 & \cdots & 0 & 0 & \cdots & 0 & 0 & \cdots & 0 & e_{41}\,e_{42}\,e_{43}\,1 \end{bmatrix}$$

这里 $S_i = [x_{s_i} \quad y_{s_i} \quad z_{s_i} \quad l_{s_i}]^{\mathrm{T}}, i = 1, 2, 3, 4$. 则有 $X_u = A^{-1}(BS - R)$ 为其解.

这是一般的定位计算, 但必须知道用户到卫星的矢量余弦值. 对于位置方程的线性化求解及卡尔曼滤波求解, 参看文献 [125]. 对于方程的其他进化计算, 将有待于进一步讨论.

2.5 仿 真

如图 2.5 所示, "*" 表示实际观测数据点. 可见观测点恰好在所绘椭圆轨道上, 这说明坐标变换后的轨道与实际轨道基本是一致的, 且卫星在轨道上的位置不受坐标变换的影响. "—" 表示坐标变换后的轨迹, "∘" 表示轨道中心.

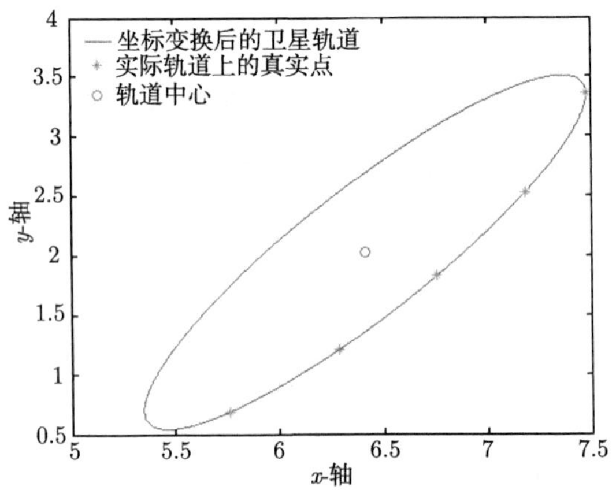

图 2.5 经坐标变换的卫星轨道与实际轨道上的点的关系

2.6 小 结

利用卫星进行导航和定位, 由导航和定位的基本定位方程知, 要进行定位, 首先要知道卫星的位置, 才能求解定位的方程, 所以本章主要讨论了卫星轨道的计算. 计算过程中, 卫星位置的赤经和赤纬的计算都要用到坐标的变换, 从而本章还讨论了不同坐标的变换; 研究了导航和定位方程的解, 给出了实时定位的解的算法; 最后, 仿真结果表明坐标变换对确定卫星的位置没有影响. 在将来的研究中, 对导航定位方程的解算需作进一步讨论, 应发展一种新算法, 使其解算费时少, 定位更准确; 对影响导航定位精度的因素作进一步分析讨论, 对定位误差公式及解算还需作更深入的研究, 减小电磁波在传输过程中的损耗等.

第3章 卫星导航定位算法

为了提高导航定位的精度，必须更准确地求解 GPS 系统定位解算方程. 本章对现有传统卫星定位求解方法进行了分析，并给出了改进算法. 基于此，提出一种新的导航定位迭代方法. 从仿真结果上可知，新算法与改进算法比原有的算法更精确，从而导航定位的精度也更高. 最后，指出未来研究的一些方向 (影响定位精度的因素分析及算法的变步长和多步法).

3.1 引 言

在 GPS 卫星导航定位中，解算用户位置的方程组[125] 为非线性方程组，解算起来非常烦琐，为了达到实时定位解算的目的，必须将其转换为便于计算机解算的形式. 在以前的工作中[125−129]，都是利用经典导航定位算法、线性化求解的导航算法和应用卡尔曼滤波器的导航算法，但这三种算法中近似解的精度都不是太高，对定位精度有一定的影响，有时还达不到定位精度的要求. 例如，经典导航算法进行迭代时，只用到前面步骤的老数据，没能及时利用新数据；线性化求解的导航算法把二阶以上的高阶项都舍去了，舍去误差太大；应用卡尔曼滤波器的导航算法只有在满足一定的约束条件下，才能够得到最优解. 本章就这些问题分别讨论了对这三种算法的具体改进算法，同时还给出了一种新的计算方法. 相应每种算法都给出了仿真，仿真结果表明，新算法快且精度高，改进算法都比原算法精度高. 最后，还给出了对算法的进一步改进的研究方向. 对这些问题的研究，不但丰富了导航定位的理论知识，而且还能提高实时的高精度的导航定位.

3.2 导航定位算法的改进算法

3.2.1 对经典导航定位算法的改进

1. 经典导航定位算法[125]

在地球坐标系中建立定位解算方程. 该定位解算方程是

$$\begin{bmatrix} e_{11} & e_{12} & e_{13} & 1 \\ e_{21} & e_{22} & e_{23} & 1 \\ e_{31} & e_{32} & e_{33} & 1 \\ e_{41} & e_{42} & e_{43} & 1 \end{bmatrix} \begin{bmatrix} x \\ y \\ z \\ -l_u \end{bmatrix} = \begin{bmatrix} E_1 & 0 & 0 & 0 \\ 0 & E_2 & 0 & 0 \\ 0 & 0 & E_3 & 0 \\ 0 & 0 & 0 & E_4 \end{bmatrix} \begin{bmatrix} s_1 \\ s_2 \\ s_3 \\ s_4 \end{bmatrix} - \begin{bmatrix} \rho_1 \\ \rho_2 \\ \rho_3 \\ \rho_4 \end{bmatrix} \tag{3.1}$$

这里, e_{i1}, e_{i2}, e_{i3} 是用户到第 i 颗卫星的距离矢量的方向余弦,

$$\begin{cases} E_i = [\ e_{i1} \quad e_{i2} \quad e_{i3} \quad 1\ ] \\ O = [\ 0 \quad 0 \quad 0 \quad 0\ ] \\ s_i = [\ x_{s_i} \quad y_{s_i} \quad z_{s_i} \quad l_{s_i}\ ]^{\mathrm{T}} \end{cases}, \quad i = 1, 2, 3, 4$$

同时, 令

$X_u = [x \quad y \quad z \quad -l_u]^{\mathrm{T}}$ 为用户状态矢量;

$S = [s_1 \quad s_2 \quad s_3 \quad s_4]^{\mathrm{T}}$ 为参与定位的 4 颗卫星的状态矢量;

$R = [\rho_1 \quad \rho_2 \quad \rho_3 \quad \rho_4]^{\mathrm{T}}$ 为量测矢量;

$G_u = \begin{bmatrix} e_{11} & e_{12} & e_{13} & 1 \\ e_{21} & e_{22} & e_{23} & 1 \\ e_{31} & e_{32} & e_{33} & 1 \\ e_{41} & e_{42} & e_{43} & 1 \end{bmatrix}$ 和 $A_u = \begin{bmatrix} E_1 & 0 & 0 & 0 \\ 0 & E_2 & 0 & 0 \\ 0 & 0 & E_3 & 0 \\ 0 & 0 & 0 & E_4 \end{bmatrix}$ 为相应的系数矩阵.

那么, 式 (3.1) 可以简写为

$$G_u X_u = A_u S - R \tag{3.2}$$

若 G_u 为非奇异, 则

$$X_u = G_u^{-1}(A_u S - R) = \left(G_u^{\mathrm{T}} G_u\right)^{-1} G_u^{\mathrm{T}}(A_u S - R) \tag{3.3}$$

这个定位公式用迭代方法进行计算如下:

(1) 首先假设用户位置和用户时钟误差构成的状态量初值为

$$X_{u0} = [x_0 \quad y_0 \quad z_0 \quad -l_{u0}]^{\mathrm{T}}$$

(2) 根据粗略的星历及卫星钟差得卫星的状态矢量 S;

(3) 利用测得的伪距得到量测 R;

(4) 根据估计的用户状态量初值 X_{u0} 及卫星的状态矢量 S, 计算 e_{ij}, 构成系数矩阵 G_u 和 A_u;

(5) 利用式 (3.3) 计算用户状态矢量的首次逼近值 X_{u1}, 并将 X_{u1} 作为假设量, 重复上述步骤, 进行第二次逼近. 如此迭代 n 次, 直到与上次迭代结果之间的差值小于要求的误差, 迭代过程就可以结束. 这时的 X_{un} 即为求得的用户状态矢量.

经典导航定位算法使用了迭代方法进行计算, 但每步迭代只用到前面一步的老数据, 没有用到本步的更新数据. 为了使求解精度更高, 需对现在算法进行改进.

2. 改进算法

1) 第 1 种改进算法

开始迭代, 假设用户位置初值为 $X_{p0}=[x_0 \quad y_0 \quad z_0]^{\mathrm{T}}$, 用户钟差距离为 l_{u0}. 令

$$b=A_uS-R=\begin{bmatrix} b_1 \\ b_2 \\ b_3 \\ b_4 \end{bmatrix}$$

对式 (3.2) 微调 e_{ii}, 使 $e_{ii}\neq 0$, 这里 $i=1,2,3$, 则有

$$\begin{cases} x^{(k+1)}=\dfrac{1}{e_{11}}\left(-e_{12}y^{(k)}-e_{13}z^{(k)}+l_{u0}+b_1\right) \\ y^{(k+1)}=\dfrac{1}{e_{22}}\left(-e_{21}x^{(k+1)}-e_{23}z^{(k)}+l_{u0}+b_2\right) \\ x^{(k+1)}=\dfrac{1}{e_{33}}\left(-e_{31}x^{(k+1)}-e_{32}y^{(k+1)}+l_{u0}+b_3\right) \end{cases} \tag{3.4}$$

矩阵形式为

$$X_p^{(k+1)}=D^{-1}\left(LX_p^{(k+1)}+UX_p^{(k)}+f\right)=D^{-1}LX_p^{(k+1)}+D^{-1}UX_p^{(k)}+D^{-1}f \tag{3.5}$$

这里 $f=[l_{u0}+b_1 \quad l_{u0}+b_2 \quad l_{u0}+b_3]^{\mathrm{T}}$, 进一步有

$$X_p^{(k+1)}=(D-L)^{-1}UX_p^{(k)}+(D-L)^{-1}f=B_GX_p^{(k)}+f_G, \quad k=0,1,2,\cdots \tag{3.6}$$

这里

$$D=\operatorname{diag}(e_{11},e_{22},e_{33}), \quad e_{ii}\neq 0, i=1,2,3$$

$$L=\begin{bmatrix} 0 & & \\ -e_{21} & 0 & \\ -e_{31} & -e_{32} & 0 \end{bmatrix}, \quad U=\begin{bmatrix} 0 & -e_{12} & -e_{13} \\ & 0 & -e_{23} \\ & & 0 \end{bmatrix} \tag{3.7}$$

则 D^{-1} 与 $(D-L)^{-1}$ 都存在. 这里 $B_G=(D-L)^{-1}U$ 称为迭代矩阵.

重复迭代 m 次, 直到满足 $\left\|X_p^{(m)}-X_p^{(m-1)}\right\|<\varepsilon$ 为止, 得到的 $X_p^{(m)}$ 即为求得的用户预测状态矢量. 这时再把 $X_p^{(m)}$ 与 l_{u0} 组成状态量初值为 $X_{u0}=\begin{bmatrix} X_P^{(m)} \\ -l_{u0} \end{bmatrix}$, 接着, 重复上述 3.2.1 节中的步骤式 (2)—(5). 最后所得的 X_{un} 即为求得的用户状态矢量.

2) 第 2 种改进算法

为了对第 1 种迭代法进行推广和加速, 引入参数, 得到一种新的迭代法, 叫超松弛法 (SOR 迭代)[130], 其迭代格式如下:

$$\begin{cases} \tilde{x}_i^{(k)} = \dfrac{1}{e_{ii}}\left(-\displaystyle\sum_{j=1}^{i-1} e_{ij}x_j^{(k)} - \sum_{j=i+1}^{3} e_{ij}x_j^{(k-1)} + f_i\right) \\ x_i^{(k)} = x_i^{(k-1)} + \omega\left(\tilde{x}_i^{(k)} - x_i^{(k-1)}\right) \end{cases}, \quad i = 1, 2, 3 \tag{3.8}$$

这里

$$x_1 = x, \quad x_2 = y, \quad x_3 = z.$$

消去中间量 $\tilde{x}_i^{(k)}$, 则有

$$x_i^{(k)} = (1-\omega)\, x_i^{(k-1)} + \frac{\omega}{e_{ii}}\left(-\sum_{j=1}^{i-1} e_{ij}x_j^{(k)} - \sum_{j=i+1}^{3} e_{ij}x_j^{(k-1)} + f_i\right), \quad i = 1, 2, 3 \tag{3.9}$$

这就是 SOR 迭代.

矩阵形式为

$$X_p^{(k)} = (1-\omega)\, X_p^{(k-1)} + \omega\left(D^{-1}LX_p^{(k)} + D^{-1}UX_p^{(k-1)} + D^{-1}f\right)$$

这里 D, L, U 与式 (3.7) 中的相同, 即

$$X_p^{(k)} = L_\omega X_p^{(k-1)} + \omega\,(D-\omega L)^{-1}\, b \tag{3.10}$$

其中

$$L_\omega = (D-\omega L)^{-1}\left((1-\omega)\, D + \omega U\right) \tag{3.11}$$

称为 SOR 迭代矩阵, 由于 L 是严格下三角矩阵, 故 $D - \omega L$ 总是可逆的.

3) 算法的收敛性

由 SOR 迭代收敛性定理[130] 知, $\|L_\omega\| < 1$, 则式 (3.10) 收敛, 或者迭代法式 (3.10) 收敛的充要条件是迭代矩阵 L_ω 的谱半径 $\rho(L_\omega) < 1$. 这里 $\|\cdot\|$ 为矩阵的算子范数.

对 SOR 迭代法式 (3.8), 当 $\omega = 1$ 时, 式 (3.8) 就是第 1 种迭代格式, 所以也有迭代法式 (3.6) 收敛的充要条件是迭代矩阵 B_G 的谱半径 $\rho(B_G) < 1$; 或者是 $\|B_G\| < 1$, 式 (3.6) 收敛.

经计算, $B_G = (D-L)^{-1}U$ 的谱半径为

$$\rho(B_G) = \max\left\{e_{12}e_{21}e_{33} - e_{13}e_{22}e_{31},\ \ e_{11}e_{21}e_{33} - e_{13}e_{21}e_{32}\right\}$$

设 $\lambda_1 = e_{12}e_{21}e_{33} - e_{13}e_{22}e_{31}$, $\lambda_2 = e_{11}e_{21}e_{33} - e_{13}e_{21}e_{32}$. 由于 $0 \leqslant e_{ij} < 1$, 则 $-1 < \lambda_1, \lambda_2 < 1$. 这样 $\rho(B_G) < 1$, 所以迭代法式 (3.6) 收敛. 同理, 若选择 $0 < \omega < 2$, 则式 (3.6) 收敛.

3. 仿真

这里以 SOR 迭代为例, 进行仿真, 仿真结果如图 3.1 所示. 由图 3.1 可以看出, 迭代前在任何时刻, 确定用户的运动位置轨迹散乱, 相邻时刻运动跳跃大、不光滑. 经迭代后, 计算出的用户运动位置轨迹相对光滑, 相邻时刻运动跳跃接近正常, 符合实际.

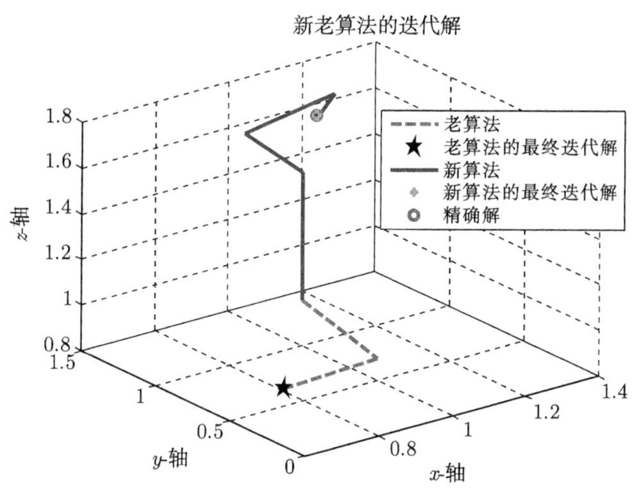

图 3.1 经典算法和改进算法比较

3.2.2 线性化求解的导航算法改进

1. 线性化求解[125,129]

当 $N = \begin{bmatrix} e'_{11} & e'_{12} & e'_{13} & 1 \\ e'_{21} & e'_{22} & e'_{23} & 1 \\ e'_{31} & e'_{32} & e'_{33} & 1 \\ e'_{41} & e'_{42} & e'_{43} & 1 \end{bmatrix}$ 为非奇异矩阵时, 用户的真实位置为

$$X_u = X'_u + N^{-1}\delta\rho \tag{3.12}$$

这里, $X_u = [x \quad y \quad z \quad l_u]^{\mathrm{T}}$ 为用户的状态矢量, $X'_u = [x' \quad y' \quad z' \quad l'_u]^{\mathrm{T}}$ 为状态矢量的估计值, $\delta\rho = [\delta\rho_1 \quad \delta\rho_2 \quad \delta\rho_3 \quad \delta\rho_4]^{\mathrm{T}}$ 为在估计值 X'_u 时的伪距误差.

其中

$$[e'_{i1}\ e'_{i2}\ e'_{i3}\ 1] = \left[\frac{x'-x_{s_i}}{\rho'_i - l'_u} \quad \frac{y'-y_{s_i}}{\rho'_i - l'_u} \quad \frac{z'-z_{s_i}}{\rho'_i - l'_u} \quad 1\right], \quad i=1,2,3,4$$

这里 $[x_{s_i} \quad y_{s_i} \quad z_{s_i}]^{\mathrm{T}}$ 为第 i 颗卫星的位置.

2. 改进算法

若 N 为奇异矩阵, 微调用户状态量的估计值 X'_u, 使得 N 为非奇异矩阵. 然后, 对式 (3.12) 进行迭代计算: $X_u^{(1)} = X_u^{(0)} + N_0^{-1}\delta\rho_0$, 这里 $X_u^{(0)} = X'_u$, $N_0^{-1} = N^{-1}$, $\delta\rho_0 = \delta\rho$.

$$X_u^{(k+1)} = X_u^{(k)} + N_k^{-1}\delta\rho_k \tag{3.13}$$

且在每步迭代时, 都微调迭代值 $X_u^{(k)}$, 使得 N_k 为非奇异矩阵.

重复迭代 n 次, 直到满足 $\left\|X_u^{(n)} - X_u^{(n-1)}\right\| < \varepsilon$ 为止, 这时的 $X_u^{(n)}$ 即为求得的用户状态矢量. 由后面的 3.3.2 节知, 迭代算法式 (3.13) 在根 X_u^* 的附近是收敛的.

3. 仿真

迭代算法的收敛性展示在图 3.2 中. 由图 3.2 知, 迭代算法的解是逐步收敛稳定于某一定解的.

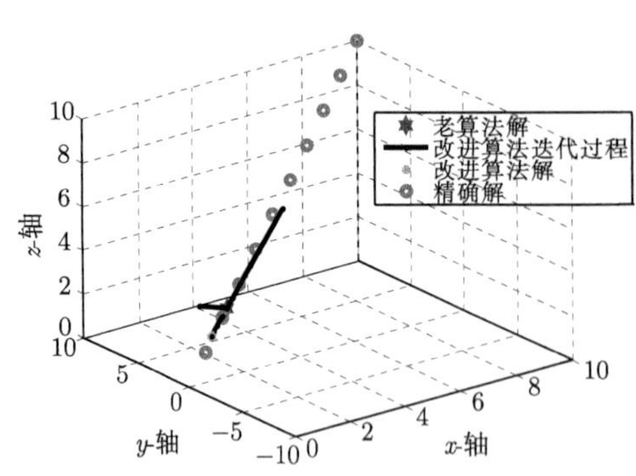

(a) 老算法解、改进算法解和精确解

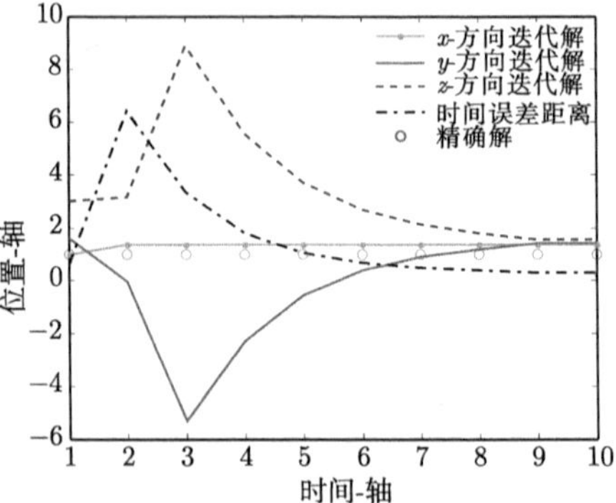

(b)改进算法在不同方向上的迭代解和精确解

图 3.2　线性化求解与改进算法比较

3.2.3　卡尔曼滤波的导航算法的改进

1. GPS 定位的卡尔曼滤波导航算法[125,126]

卡尔曼滤波算法属于线性最小方差估计方法的一种, 但是, 只有在满足一定的前提条件下, 例如: ① 描述系统模型的状态方程和量测方程必须是线性方程,

② 状态量的初始值、相关噪声都必须满足其均值为零且方差为某一定值的高斯白噪声, 才能够利用它得到最优解, 否则, 所得滤波结果只能是次优解, 有时还可能导致滤波结果的发散.

对于卡尔曼滤波, 相应的系统方程或系统的误差动力学模型和量测方程模型一般可建成线性时变的状态方程[125,126,129,131]:

$$\dot{X}(t) = \varphi(t) X(t) + G(t) W(t) \tag{3.14}$$

经离散化后, 变为

$$X_k = \varphi_{k|k-1} X_{k-1} + W_{k-1} \tag{3.15}$$

这里, X_k 为 k 时刻系统的状态量, 包括惯导系统的位置、速度、平台姿态角、陀螺仪、加速度计误差状态以及其他导航传感器的状态和误差状态; W_{k-1} 为系统噪声, 对应的方差阵为 Q_{k-1}; $\varphi_{k|k-1}$ 为状态量的转移矩阵; G 为过程噪声分布矩阵. 相应的量测方程可以描述为

$$Z_k = H_k X_k + V_k \tag{3.16}$$

这里, Z_k 是传感器在 k 时间的观测向量, H_k 为第 i 个导航器的量测量的转移矩阵, V_k 为第 i 个导航器的观测噪声, 对应的方差阵为 R_k.

卡尔曼滤波算法如下:

状态一步预测方程

$$\hat{X}_{k|k-1} = \varphi_{k|k-1} \hat{X}_{k-1} \tag{3.17}$$

状态估计方程

$$\hat{X}_k = \hat{X}_{k|k-1} + K_k \left(z_k - H_k \hat{X}_{k|k-1}\right) \tag{3.18}$$

滤波增益方程

$$K_k = P_{k|k-1} H_k^{\mathrm{T}} \left[H_k P_{k|k-1} H_k^{\mathrm{T}} + R_k\right]^{-1} \tag{3.19}$$

估计均方误差方程

$$P_k = [I - K_k H_k] P_{k|k-1} \tag{3.20}$$

一步预测均方误差方程

$$P_{k|k-1} = \varphi_{k|k-1} P_{k-1} \varphi_{k|k-1}^{\mathrm{T}} + Q_{k-1} \tag{3.21}$$

通过对 GPS 定位过程中系统模型的分析, 可以发现, 不管是低动态用户还是高动态用户, 相应的系统方程和量测方程都可以描述成以下形式:

$$\begin{cases} \dot{X}(t) = F(t) X(t) + W(t) \\ \rho_i = h_i(X) + v_i \\ \delta\rho_i = H_i \delta X + v_i \end{cases} \tag{3.22}$$

其中, $h(\cdot)$ 为系统的非线性量测函数.

经过离散化以后, 上述状态空间模型变为

$$\begin{cases} X_{k+1} = \varphi_{k+1|k} X_k + \varGamma_{k+1|k} W_k \\ \rho_i(k) = h_i(X_k) + v_i(k) \\ \delta\rho_i(k) = H_i \delta(X_k) + v_i(k) \end{cases} \tag{3.23}$$

针对以上系统可采用扩展卡尔曼滤波 (EKF) 算法[131] 进行状态量求解, 具体滤波过程的迭代形式为

$$\begin{cases} \hat{X}_{k+1|k} = \varphi_{k+1|k} \hat{X}_k \\ \hat{X}_{k+1} = \hat{X}_{k+1|k} + K_{k+1}\left[\rho_{k+1} - h\left(\hat{X}_{k+1|k}\right)\right] \\ P_{k+1|k} = \varphi_{k+1|k} P_k \varphi_{k+1|k}^{\mathrm{T}} + \varGamma_{k+1|k} Q_k \varGamma_{k+1|k}^{\mathrm{T}} \\ K_{k+1} = P_{k+1|k} H_{k+1}^{\mathrm{T}} \left[H_{k+1} P_{k+1|k} H_{k+1}^{\mathrm{T}} + R_{k+1}\right]^{-1} \\ P_{k+1} = P_{k+1|k} - K_{k+1}\left[H_{k+1} P_{k+1|k} H_{k+1}^{\mathrm{T}} + R_{k+1}\right] K_{k+1}^{\mathrm{T}} \\ \qquad = \left[I - K_{k+1} H_{k+1}\right] P_{k+1|k} \left[I - K_{k+1} H_{k+1}\right]^{\mathrm{T}} + K_{k+1} R_{k+1} K_{k+1}^{\mathrm{T}} \end{cases} \tag{3.24}$$

其中, Q_k 和 R_{k+1} 分别为系统噪声 W 和测量噪声 v_i 的正定协方差矩阵. 这里 $H_{k+1} = h_X\left(\hat{X}_{k+1|k}\right) = \left[\nabla_X h(X_{k+1})\right]^{\mathrm{T}}\Big|_{X=\hat{X}(k+1|k)}$ 是向量 h 的雅可比矩阵.

2. *改进算法*

1) 滤波的误差补偿

式 (3.16) 是由式 (3.15) 使用泰勒级数展开到一阶或二阶项得到的, 由于略去了较高的项, 这些滤波将在方程中引入误差. 对这些误差, 有补偿方法:

① 附加噪声, 通过利用过程噪声协方差 $Q^*(k)$ 使 $Q^*(k)>Q(k)$ 可实现这一点.

② 在每一采样时间, 用标量加权因子 $\varphi(\varphi>1)$ 乘状态协方差, 即令 $P^*(k+1|k)=\varphi P(k+1|k)$, 然后在协方差更新方法中使用 $P^*(k+1|k)$.

2) IMM 算法

虽然卡尔曼滤波的解算解的平均精度高, 但滤波在方程中引入误差, 还会把较差的接收机的缺点放大. 如果能利用较全面的信息进行定位, 一个用户使用多个接收机, 把多个接收机的信息进行交互融合, 使良好的接收机发挥作用较大, 较差的接收机所起作用较小或不起作用. 本章提出使用交互多模型 (IMM) 算法[131].

将 n 个导航器在 k 时刻的所有量测信息 $Z_k = \begin{bmatrix} z_{1k}^{\mathrm{T}} & z_{2k}^{\mathrm{T}} & \cdots & z_{nk}^{\mathrm{T}} \end{bmatrix}^{\mathrm{T}}$ 作为整个系统的量测信息, 利用 IMM 算法对组合系统的状态进行最优估计, 相应的滤波方程可以列写如下:

在 IMM 里：其中

$$H_k = \left[H_{1k}^{\mathrm{T}} \quad H_{2k}^{\mathrm{T}} \quad \cdots \quad H_{nk,}^{\mathrm{T}}\right]^{\mathrm{T}}, R_k = \mathrm{diag}\left[R_1, \cdots, R_n\right]$$

第 i 个子系统的状态方程和量测方程为

$$\begin{cases} X_{ik} = \varphi_{i,k|k-1} X_{i,k-1} + W_{i,k-1} \\ z_{ik} = H_{ik} X_{ik} + V_{ik} \end{cases}$$

其中, X_{ik} 为第 i 个子系统的状态变量, 包括惯导 (INS) 的基本状态, 以及局部传感器 i 的误差状态.

各子滤波器将它的局部状态估计 $\hat{X}_i$(取公共状态) 及其估计误差协方差阵 P_i 送入联合滤波器信息处理的第二级 —— 主滤波器, 按信息分享原理进行融合, 以形成全局最优的状态估计. 主滤波器把各子滤波器的独立输出作为量测量, 连续地更新全局状态向量. 主滤波器作出的状态估计为 $\hat{X}_m$, 相应的协方差阵为 P_m. X_m 与 X_i 的关系为: $X_i = M_i X_m$, 为 IMM 算法第 4 步 —— 总的估计与协方差. 如果子滤波器的结果和主滤波器的解在统计特性上是相互独立的, 它们可用下列相加的信息算法进行最佳融合 (IMM 的第 4 步).

随着组合导航系统应用领域的不断拓展以及具体应用场合的变化, 仅仅一种或两种系统参与组合, 可能仍然无法满足精度及系统可靠性要求, 今后基于多传感器的导航系统必将得到进一步的发展. 本节讨论包含 GPS,INS 的多传感器组合导航系统的滤波问题.

3) 仿真

EKF 与 IMM 算法仿真结果如图 3.3 所示, 如果对于低维的低动态目标, 使用

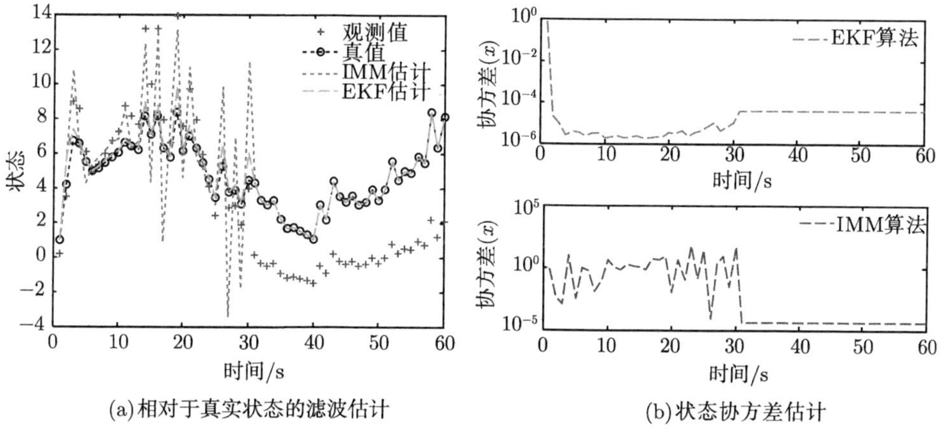

(a) 相对于真实状态的滤波估计　　(b) 状态协方差估计

图 3.3 使用单传感器定位的两种算法比较

单传感器导航系统, 如只使用 GPS 卫星或 INS, 那么 EKF 算法优于 IMM 算法. 如果使用包含 GPS, INS 的多传感器组合导航系统, 则 IMM 算法优于 EKF 算法. IMM 算法能更全面地利用导航信息资源, 发挥优良接收机的作用. 从图 3.4 可以看出, IMM 算法比 EKF 更接近于机动目标真实曲线, 这说明 IMM 算法对高动态的机动目标的导航定位更精确.

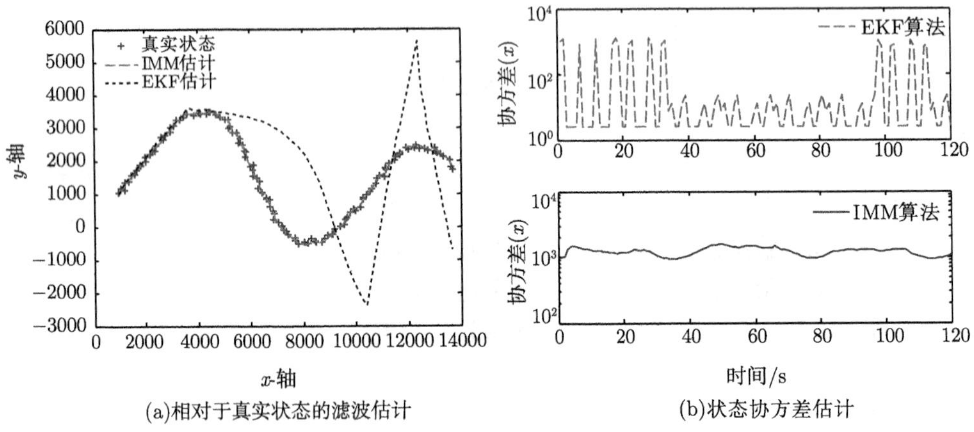

(a)相对于真实状态的滤波估计　　(b)状态协方差估计

图 3.4　使用多传感器融合定位的两种算法比较

3.3　基于迭代的导航定位新算法

用 GPS 进行导航定位, 在地球坐标系中建立定位解算方程, 得解算用户位置的方程组[125] 为

$$\rho_i = \left[(x - x_{s_i})^2 + (y - y_{s_i})^2 + (z - z_{s_i})^2\right]^{\frac{1}{2}} + c\Delta t_u, \quad i = 1, 2, 3, 4 \tag{3.25}$$

式中, x, y, z 为在地球坐标系中待求的用户位置坐标; $x_{s_i}, y_{s_i}, z_{s_i}$ 为在地球坐标系中的卫星位置坐标; c 为电波的传播速度; Δt_u 为用户钟与卫星钟之间的钟差; ρ_i 为用户到卫星 i 的伪距.

3.3.1　具体实施算法

设 $l_u = c\Delta t_u$ 为用户钟差对应的距离. 由式 (3.25) 得

$$x^2 + y^2 + z^2 - l_u^2 - 2\left(x_{s_i}x + y_{s_i}y + z_{s_i}z - \rho_i l_u\right) = \rho_i^2 - \left(x_{s_i}^2 + y_{s_i}^2 + z_{s_i}^2\right), \quad i = 1, \cdots, 4 \tag{3.26}$$

设 $f_i(x, y, z, l_u) = x^2 + y^2 + z^2 - l_u^2 - 2\left(x_{s_i}x + y_{s_i}y + z_{s_i}z - \rho_i l_u\right) - \rho_i^2 + x_{s_i}^2 + y_{s_i}^2 + z_{s_i}^2$ 则式 (3.26) 为

$$f_i(x, y, z, l_u) = 0 \tag{3.27}$$

假设用户的状态矢量为 $X_u = [(x\ y\ z\ l_u)]^{\mathrm{T}}$, 状态矢量的估计值为 $X_u^0 = \left[(x_0\ y_0\ z_0\ l_u^0)\right]^{\mathrm{T}}$, 用户真实位置与估计值之间的误差为 δX_u, 且 $f(X_u)$ 是二次连续可微的, 将 $f_i(X_u)$ 在 X_u^0 处按 Taylor 展开, 并忽略二阶以上项, 得

$$f_i(X_u) = f_i\left(X_u^0\right) + \dot{f}_i\left(X_u^0\right)\delta X_u = f_i\left(X_u^0\right) + U_{i0}^{\mathrm{T}}\delta X_u \tag{3.28}$$

其中

$$\dot{f}_i\left(X_u^0\right) = U_i^{\mathrm{T}} = \left[2\left(x_0 - x_{s_i}\right) \quad 2\left(y_0 - y_{s_i}\right) \quad 2\left(z_0 - z_{s_i}\right) \quad -2\left(l_u^0 - \rho_i\right)\right] \tag{3.29}$$

对于参与定位的 4 颗 GPS 卫星, 上述方程可以进一步描述为

$$\begin{aligned} f(X_u) = \begin{bmatrix} f_1(X_u) \\ f_2(X_u) \\ f_3(X_u) \\ f_4(X_u) \end{bmatrix} &= \begin{bmatrix} f_1\left(X_u^0\right) \\ f_2\left(X_u^0\right) \\ f_3\left(X_u^0\right) \\ f_4\left(X_u^0\right) \end{bmatrix} + \begin{bmatrix} U_{10}^{\mathrm{T}} \\ U_{20}^{\mathrm{T}} \\ U_{30}^{\mathrm{T}} \\ U_{40}^{\mathrm{T}} \end{bmatrix}\delta X_u \\ &= f\left(X_u^0\right) + \dot{f}\left(X_u^0\right)\delta X_u = f\left(X_u^0\right) + U_0\delta X_u \end{aligned} \tag{3.30}$$

这里

$$U_0 = \begin{bmatrix} \dot{f}_1\left(X_u^0\right) \\ \dot{f}_2\left(X_u^0\right) \\ \dot{f}_3\left(X_u^0\right) \\ \dot{f}_4\left(X_u^0\right) \end{bmatrix} = \dot{f}\left(X_u^0\right)$$

其中

$$U_0 = \begin{bmatrix} 2\left(x_0 - x_{s_1}\right) & 2\left(y_0 - y_{s_1}\right) & 2\left(z_0 - z_{s_1}\right) & -2\left(l_u^0 - \rho_1\right) \\ 2\left(x_0 - x_{s_2}\right) & 2\left(y_0 - y_{s_2}\right) & 2\left(z_0 - z_{s_2}\right) & -2\left(l_u^0 - \rho_2\right) \\ 2\left(x_0 - x_{s_3}\right) & 2\left(y_0 - y_{s_3}\right) & 2\left(z_0 - z_{s_3}\right) & -2\left(l_u^0 - \rho_3\right) \\ 2\left(x_0 - x_{s_4}\right) & 2\left(y_0 - y_{s_4}\right) & 2\left(z_0 - z_{s_4}\right) & -2\left(l_u^0 - \rho_4\right) \end{bmatrix} = \dot{f}\left(X_u^0\right)$$

最初微量调节用户状态量的估计值为

$$X_u^0 = \left[\begin{array}{cccc} x_0 + \delta_x & y_0 + \delta_y & z_0 + \delta_z & l_u + \delta_u \end{array}\right]$$

使得 U_0 为非奇异矩阵, 并由式 (3.27) 和式 (3.30) 得

$$\delta X_u = -U_0^{-1} f\left(X_u^0\right) \tag{3.31}$$

所以, 用户的真实位置为

$$X_u = X_u^0 + \delta X_u = X_u^0 - U_0^{-1} f\left(X_u^0\right) \tag{3.32}$$

因为式 (3.32) 是 $f(X_u)$ 在 Taylor 展开时忽略二阶以上的项得到的, 这样就产生一个舍去误差. 为了更精确地计算, 可用迭代法进行迭代.

设式 (3.32) 是第一次迭代得到的解

$$X_u^1 = X_u^0 - U_0^{-1} f\left(X_u^0\right) \tag{3.33}$$

计算 $U_1 = \begin{bmatrix} U_{11}^{\mathrm{T}} \\ U_{21}^{\mathrm{T}} \\ U_{31}^{\mathrm{T}} \\ U_{41}^{\mathrm{T}} \end{bmatrix}$, $U_{i1}^{\mathrm{T}} = \left[2\left(x_1 - x_{s_i}\right) \quad 2\left(y_1 - y_{s_i}\right) \quad 2\left(z_1 - z_{s_i}\right) \quad -2\left(l_u^1 - \rho_i\right)\right]$.

再微量调节 X_u^1 的值, 使得 U_1 为非奇异矩阵, 第二次迭代, 得

$$X_u^2 = X_u^1 - U_1^{-1} f\left(X_u^1\right) \tag{3.34}$$

同样, 重复迭代, 直到迭代 n 次, 得

$$X_u^n = X_u^{n-1} - U_{n-1}^{-1} f\left(X_u^{n-1}\right) \tag{3.35}$$

满足

$$\left\|X_u^n - X_u^{n-1}\right\| < \varepsilon \tag{3.36}$$

为止, 迭代过程结束. 这里 ε 为所需误差界. 这时的 X_u^n 即为求得的用户状态矢量.

3.3.2 算法的收敛性

设 $\varphi(X) = X - U^{-1} f(X)$, 这里 X 为向量, $X = [x \ \ y \ \ z \ \ l_u]^{\mathrm{T}}$, $U = \dot{f}(X)$, 则有

$$\begin{aligned} \dot{\varphi}(X) =& \dot{f}^{-\mathrm{T}}(X) \cdot \dot{f}^{-1}(X) \cdot \ddot{f}(X) \cdot f(X) \\ =& U^{-\mathrm{T}} \cdot U^{-1} \cdot \ddot{f}(X) \cdot f(X) = \left(UU^{\mathrm{T}}\right)^{-1} \ddot{f}(X) f(X) \end{aligned} \tag{3.37}$$

假定 X_u^* 是用户的实际状态矢量, 则 X_u^* 是 $f(X) = 0$ 的单根, 即 $f(X_u^*) = 0$, $\dot{f}(X_u^*) \neq 0$, 于是有 $X_u^* = \varphi(X_u^*)$, 这说明 X_u^* 为方程 $X = \varphi(X)$ 的根.

又由式 (3.37) 知 $\dot{\varphi}(X_u^*) = 0$, 于是由不动点迭代法的收敛性定理[130] 知, 上述迭代算法 $X_u^{n+1} = \varphi(X_u^n) = X_u^n - U_n^{-1} f(X_u^n)$, 在根 X_u^* 的附近至少平方收敛, 则由 X_u^n 收敛到 X_u^*, 这样有式 (3.36) 成立.

3.3.3 仿真

仿真结果展示在图 3.5 中. 从图 3.5 可以看出, 迭代解 X_u^n 靠近真解 X_u^*.

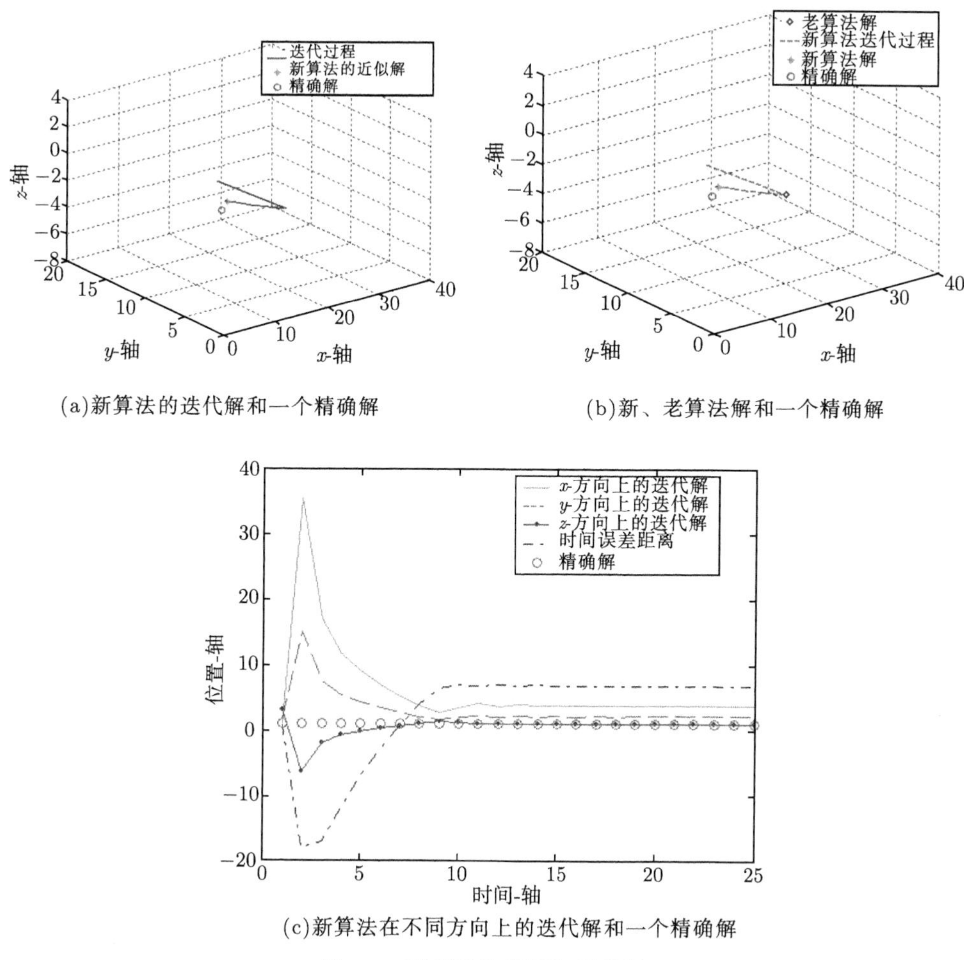

(a)新算法的迭代解和一个精确解

(b)新、老算法解和一个精确解

(c)新算法在不同方向上的迭代解和一个精确解

图 3.5 新算法迭代解与精确解

3.3.4 迭代法的加速收敛讨论

为了使迭代收敛加快, 在很短时间内就使迭代结果达到所要求的精度. 下面就讨论迭代过程的加速.

设 X_u^n 是根 X_u^* 的某一预测值, 迭代一次得 $X_u^{n+1}=\varphi(X_u^n)$, 由微分中值定理有 $\dfrac{X_u^{n+1}-X_u^*}{X_u^n-X_u^*}=\dot{\varphi}(\xi_u)$, 这里 ξ_u 介于 X_u^n 与 X_u^* 之间.

由于

$$\dot{\varphi}(X_u)=\left[\dot{f}(X_u)\dot{f}^{\mathrm{T}}(X_u)\right]^{-1}\ddot{f}(X_u)f(X_u),\ddot{f}_i(X_u)=[2\ \ 2\ \ 2\ \ -2]$$

$$\dot{f}_i(X_u)=[2(x-x_{s_i})\quad 2(y-y_{s_i})\quad 2(z-z_{s_i})\quad -2(l_u-\rho_i)]$$

$$f\left(X_u\right)=\left[\begin{array}{c} f_1\left(X_u\right) \\ f_2\left(X_u\right) \\ f_3\left(X_u\right) \\ f_4\left(X_u\right) \end{array}\right]=\left[\begin{array}{c} \left(x-x_{s_1}\right)^2+\left(y-y_{s_1}\right)^2+\left(z-z_{s_1}\right)^2-\left(l_u-\rho_1\right)^2 \\ \left(x-x_{s_2}\right)^2+\left(y-y_{s_2}\right)^2+\left(z-z_{s_2}\right)^2-\left(l_u-\rho_2\right)^2 \\ \left(x-x_{s_3}\right)^2+\left(y-y_{s_3}\right)^2+\left(z-z_{s_3}\right)^2-\left(l_u-\rho_3\right)^2 \\ \left(x-x_{s_4}\right)^2+\left(y-y_{s_4}\right)^2+\left(z-z_{s_4}\right)^2-\left(l_u-\rho_4\right)^2 \end{array}\right]$$

则

$$\dot{\varphi}_i\left(X_u\right)=\frac{2\left(f_1+f_2+f_3-f_4\right)}{4\left[\left(x-x_{s_i}\right)^2+\left(y-y_{s_i}\right)^2+\left(z-z_{s_i}\right)^2+\left(l_u-\rho_i\right)^2\right]}$$

如果 $\dot{\varphi}_i$ 改变不大, 近似地取某个近似值 L, 则有

$$X_u^{n+1}-X_u^* \approx L\left(X_u^n-X_u^*\right)$$

同样有

$$X_u^{n+2}-X_u^* \approx L\left(X_u^{n+1}-X_u^*\right)$$

两式联立, 消去 L, 有

$$\frac{X_u^{n+1}-X_u^*}{X_u^n-X_u^*} \approx \frac{X_u^{n+2}-X_u^*}{X_u^{n+1}-X_u^*}$$

由此推知

$$X_u^*=X_u^{n+2}-\frac{\left(X_u^{n+2}-X_u^{n+1}\right)^2}{X_u^{n+2}-2X_u^{n+1}+X_u^n}$$

由此得加速收敛序列的方法:

校正: $\tilde{X}_u^{n+1}=\varphi\left(X_u^n\right)$

再校正: $\bar{X}_u^{n+1}=\varphi\left(\tilde{X}_u^{n+1}\right)$

改进: $X_u^{n+1}=\bar{X}_u^{n+1}-\dfrac{\left(\bar{X}_u^{n+1}-\tilde{X}_u^{n+1}\right)^2}{\bar{X}_u^{n+1}-2\tilde{X}_u^{n+1}+X_u^n}$

3.4 小　结

本章介绍了一种 GPS 定位解算新算法, 还讨论了 3 种 GPS 定位解算改进算法, 同时相应地给出了仿真. 从仿真结果可知, 新算法和每种改进算法都显示比传统算法解算出的解更精确.

传统算法速度快但精度低, 改进算法快且精度高. 但是, 在具体应用过程中, 实际选用哪一种算法还要根据所需的定位精度以及允许的计算复杂程度来决定. 针对高动态、高精度要求的应用场合, 应当采用 EKF 或 IMM 算法进行解算. 在未来的研究中, 对一些算法的变步长和多步法需要加以研究. 除了算法以外, 对于影响定位精度的其他因素还需作进一步分析.

第4章　基于卫星定位误差的最优星座配置算法

为提高卫星导航定位精度，保证定位误差最小，本章在分析定位误差的基础上，研究了星座的最佳几何配置，讨论了应选择相对几何位置最好的 4 颗卫星参与定位. 同时，给出了星座的最佳几何分布与定位误差的关系仿真，仿真结果表明，卫星星座中星的高度与分布均匀性决定了该星座的几何精度. 本章通过对定位误差和星座的几何分布的研究，不但为高精度的导航定位提供了一种方法，而且为将来卫星的发射、卫星轨道设计和卫星接收机的设计奠定了理论基础. 最后，阐述了寻找实际的协方差最小的点位置与理论上求得的协方差最小的点位置之间的关系.

4.1　引　　言

在以前的工作中[125−134]，研究了任何一种定位系统对不同空间位置的目标，其定位精度是不同的. 这就意味着目标位置的定位误差与目标相对于定位站或卫星的几何关系是密切相关的. 不同几何布局的定位站或卫星对同一个空间位置上的目标，其定位误差是不同的，因此需要研究定位误差与几何布局之间的关系. 一般情况下，当用户利用 GPS 卫星系统进行定位时，可同时接收到多颗 GPS 卫星的信号，但在实际导航定位解算时，只需有确定数目的几颗卫星的信号就可以了，而现在的问题是怎样在所有观测到的 GPS 卫星中选择适当的确定数目的卫星，使得当测距误差一定时，定位误差最小.

本章首先分析了由 3 颗卫星参与定位的定位误差，通过计算位置误差协方差，找到卫星几何分布与位置误差协方差的关系. 接着讨论了由 4 颗卫星参与定位的定位误差协方差与卫星几何分布的关系，并给出了理论上卫星最优星座的几何配置. 然后给出了仿真，仿真结果表明，星座中星的仰角的大小和方位角的均匀性与定位精度有密切的关系. 通过这些研究，不但为高精度的定位提供了一种工具，同时还为卫星轨道和接收机的设计提供了一种新的思路方法. 最后，给出了一种最优星座的选择算法.

4.2　几何精度指标

为了描述定位误差与几何的关系，需要有一个能衡量几何精度的尺度. 下面定义一个名词叫 “几何精度衰减因子”，记作：GDOP.

在空间飞行器利用卫星进行测距定位时, 它的位置精度可以用空间三个正交方向上定位误差的方差和来表示, 设这个方差和为 σ_X^2. 位置精度也可以由这个方差和 σ_X^2 的算术平方根来表示, 即 σ_X. 由于这个技术参数与卫星之间的相对几何关系有关, 因此称之为 GDOP. 则有下面定义.

定义 4.1　把定位误差协方差阵的迹的算术根叫几何精度衰减因子 GDOP.

如果定位误差只是三个正交方向上的位置误差, 则几何精度衰减因子就是位置精度衰减因子 PDOP, 即有 $\sigma_X = \text{PDOP} = \left(\sigma_x^2+\sigma_y^2+\sigma_z^2\right)^{\frac{1}{2}}$, 这里 $\sigma_x^2, \sigma_y^2, \sigma_z^2$ 是三个正交方向上定位误差的方差.

如果在二维平面内描述定位误差在平面上的分布, 则用水平位置精度衰减因子 HDOP, 即有 $\text{HDOP} = \left(\sigma_x^2+\sigma_y^2\right)^{\frac{1}{2}}$.

GDOP 反映了由于卫星几何关系的影响造成的伪距测量误差与用户定位误差间的协方差关系, 是一个比例系数. 它与所选坐标系无关, 所以可以作为用户选星的主要依据.

4.3　定位误差的三维几何分布

为实现最优星座几何分布的选择, 先从简单情形入手. 假设用户钟与卫星钟之间不存在钟差 Δt_u, 那么用户测得的对第 i 颗卫星的伪距就是卫星和用户间的距离 r_i.

4.3.1　定位误差协方差的计算

设 (x,y,z) 和 $(x_{s_i}, y_{s_i}, z_{s_i})$ 分别为用户和第 i 颗 GPS 卫星在地球坐标系中的位置, 则用户与第 i 颗卫星之间的距离 r_i 为

$$r_i = \sqrt{\left(x-x_{s_i}\right)^2+\left(y-y_{s_i}\right)^2+\left(z-z_{s_i}\right)^2} \tag{4.1}$$

这个方程中包含了三个未知数 x,y,z, 要定位求解, 需要同时观测 3 个 GPS 卫星.

设 3 个卫星的位置为 $s_i = [x_{s_i} \quad y_{s_i} \quad z_{s_i}]^{\mathrm{T}}$, $i=1,2,3$, 用户状态矢量为 $X_u = [x \quad y \quad z]^{\mathrm{T}}$, 如图 4.1 所示. 再定义用户到第 i 颗卫星的单位矢量 $e_i = [e_{i1} \quad e_{i2} \quad e_{i3}]^{\mathrm{T}}$, $i=1,2,3$. 这里 e_{i1}, e_{i2}, e_{i3} 是矢量 e_i 的方向余弦, 那么, 根据矢量的加减运算法则, 有

$$X_u = s_i - r_i e_i, \quad i=1,2,3 \tag{4.2}$$

将式 (4.2) 两边同时乘上 e_i^{T}, 且由 $e_i^{\mathrm{T}} e_i = 1$, 可得

$$e_i^{\mathrm{T}} X_u = e_i^{\mathrm{T}} s_i - r_i, \quad i=1,2,3 \tag{4.3}$$

这是一个线性方程组定位计算公式.

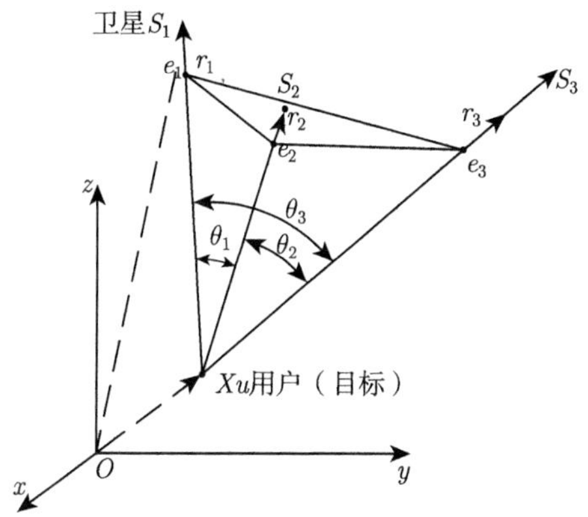

图 4.1 三个卫星定位的几何分布

假如 GPS 卫星的空间位置有一个偏差 δs_i, 而测距也有误差 δr_i, 这样必定会引起用户的位置误差 δX_u, 可以表达为

$$e_i^{\mathrm{T}}\delta X_u = e_i^{\mathrm{T}}\delta s_i - \delta r_i, \quad i=1,2,3 \tag{4.4}$$

可进一步将其改写为矢量矩阵运算的形式:

$$\begin{bmatrix} e_1^{\mathrm{T}} \\ e_2^{\mathrm{T}} \\ e_3^{\mathrm{T}} \end{bmatrix} \delta X_u = \begin{bmatrix} e_1^{\mathrm{T}}\delta s_1 \\ e_2^{\mathrm{T}}\delta s_2 \\ e_3^{\mathrm{T}}\delta s_3 \end{bmatrix} - \begin{bmatrix} \delta r_1 \\ \delta r_2 \\ \delta r_3 \end{bmatrix} \tag{4.5}$$

令 $\delta S = [\delta s_1 \quad \delta s_2 \quad \delta s_3]^{\mathrm{T}}$ 是参与定位的 3 颗卫星状态矢量误差, $O=[0 \quad 0 \quad 0]$, 则式 (4.5) 化为

$$\begin{bmatrix} e_1^{\mathrm{T}} \\ e_2^{\mathrm{T}} \\ e_3^{\mathrm{T}} \end{bmatrix} \delta X_u = \begin{bmatrix} e_1^{\mathrm{T}} & 0 & 0 \\ 0 & e_2^{\mathrm{T}} & 0 \\ 0 & 0 & e_3^{\mathrm{T}} \end{bmatrix} \delta S - \begin{bmatrix} \delta r_1 \\ \delta r_2 \\ \delta r_3 \end{bmatrix} \tag{4.6}$$

定义 $P = \begin{bmatrix} e_1^{\mathrm{T}} \\ e_2^{\mathrm{T}} \\ e_3^{\mathrm{T}} \end{bmatrix} = \begin{bmatrix} e_{11} & e_{12} & e_{13} \\ e_{21} & e_{22} & e_{23} \\ e_{31} & e_{32} & e_{33} \end{bmatrix}$, $Q = \begin{bmatrix} e_1^{\mathrm{T}} & 0 & 0 \\ 0 & e_2^{\mathrm{T}} & 0 \\ 0 & 0 & e_3^{\mathrm{T}} \end{bmatrix}$, $\delta r = [\delta r_1, \delta r_2, \delta r_3]^{\mathrm{T}}$ 为量测误差矢量, 那么, 式 (4.6) 简写为

$$P\delta X_u = Q\delta S - \delta r = \delta z \tag{4.7}$$

一般情况下, 在某一时刻, 测距误差和卫星位置偏差引起的用户的位置误差 δX_u 是唯一存在的, 所以 P 的逆是存在的, 则式 (4.7) 化为

$$\delta X_u = P^{-1}(Q\delta S - \delta r) = \left(P^{\mathrm{T}}P\right)^{-1}P^{\mathrm{T}}(Q\delta S - \delta r) \tag{4.8}$$

或位置误差为

$$\delta X_u = P^{-1}\delta z \tag{4.9}$$

因此定位误差协方差为

$$P_{\delta X_u} = \text{cov}\delta X_u = E\left[\delta X_u \delta X_u^{\mathrm{T}}\right] = P^{-1}\cdot E\left[\delta z\delta z^{\mathrm{T}}\right]\cdot P^{-\mathrm{T}} = P^{-1}\cdot P_{\delta z}\cdot P^{-\mathrm{T}} \tag{4.10}$$

假设各卫星的位置误差之间, 各个测距误差之间以及卫星与测距误差之间是相对独立的, 且卫星的位置误差和测距误差对应的方差分别为 $\sigma_{x_{s_i}}^2, \sigma_{y_{s_i}}^2, \sigma_{z_{s_i}}^2$ 与 $\sigma_{r_1}^2, \sigma_{r_2}^2, \sigma_{r_3}^2$, 则

$$\begin{aligned}
P_{\delta z} =& E\left[\delta z\delta z^{\mathrm{T}}\right] = E\left[(Q\cdot\delta S-\delta r)(Q\cdot\delta S-\delta r)^{\mathrm{T}}\right] \\
=& E\left[Q\cdot\delta S\cdot\delta S^{\mathrm{T}}\cdot Q^{\mathrm{T}}\right] + E\left[\delta r\delta r^{\mathrm{T}}\right] \\
=& \begin{bmatrix} e_{11}^2\sigma_{x_{s_1}}^2+e_{12}^2\sigma_{y_{s_1}}^2+e_{13}^2\sigma_{z_{s_1}}^2 & 0 & 0 \\ 0 & e_{21}^2\sigma_{x_{s_2}}^2+e_{22}^2\sigma_{y_{s_2}}^2+e_{23}^2\sigma_{z_{s_2}}^2 & 0 \\ 0 & 0 & e_{31}^2\sigma_{x_{s_3}}^2+e_{32}^2\sigma_{y_{s_3}}^2+e_{33}^2\sigma_{z_{s_3}}^2 \end{bmatrix} \\
&+ \begin{bmatrix} \sigma_{r_1}^2 & 0 & 0 \\ 0 & \sigma_{r_2}^2 & 0 \\ 0 & 0 & \sigma_{r_3}^2 \end{bmatrix} = \begin{bmatrix} a_1 & 0 & 0 \\ 0 & a_2 & 0 \\ 0 & 0 & a_3 \end{bmatrix}
\end{aligned} \tag{4.11}$$

这里

$$a_i = e_{i1}^2\sigma_{x_{s_i}}^2 + e_{i2}^2\sigma_{y_{s_i}}^2 + e_{i3}^2\sigma_{z_{s_i}}^2 + \sigma_{r_i}^2, \quad i=1,2,3$$

由表达用户位置几何精度的指标, 得

$$\sigma_{X_u} = \text{PDOP} = \left[\text{tr}\left(P_{\delta X_u}\right)\right]^{\frac{1}{2}} = \left[\text{tr}\left(P^{-1}P_{\delta z}\cdot P^{-\mathrm{T}}\right)\right]^{\frac{1}{2}} \tag{4.12}$$

由矩阵迹的性质: 当矩阵乘法成立时, 有 $\text{tr}(BC) = \text{tr}(CB)$. 故可得

$$\sigma_{X_u}^2 = \text{tr}\left(P_{\delta X_u}\right) = \text{tr}\left(P^{-\mathrm{T}}\cdot P^{-1}\cdot P_{\delta z}\right) = \text{tr}\left[\left(PP^{\mathrm{T}}\right)^{-1}\cdot P_{\delta z}\right] \tag{4.13}$$

令

$$A = PP^{\mathrm{T}} = \begin{bmatrix} e_1^{\mathrm{T}} \\ e_2^{\mathrm{T}} \\ e_3^{\mathrm{T}} \end{bmatrix}\begin{bmatrix} e_1 & e_2 & e_3 \end{bmatrix} = \begin{bmatrix} e_1^{\mathrm{T}}e_1 & e_1^{\mathrm{T}}e_2 & e_1^{\mathrm{T}}e_3 \\ e_2^{\mathrm{T}}e_1 & e_2^{\mathrm{T}}e_2 & e_2^{\mathrm{T}}e_3 \\ e_3^{\mathrm{T}}e_1 & e_3^{\mathrm{T}}e_2 & e_3^{\mathrm{T}}e_3 \end{bmatrix} \tag{4.14}$$

定义单位矢量 e_1 和 e_2, e_2 和 e_3, e_1 和 e_3 之间的夹角分别为 $\theta_1,\theta_2,\theta_3$, 如图 4.1 所示. 且由两个矢量的内积公式, 可得

$$\begin{cases} e_1^{\mathrm{T}}e_1 = e_2^{\mathrm{T}}e_2 = e_3^{\mathrm{T}}e_3 = 1 \\ e_1^{\mathrm{T}}e_2 = e_2^{\mathrm{T}}e_1 = \cos\theta_1 \\ e_2^{\mathrm{T}}e_3 = e_3^{\mathrm{T}}e_2 = \cos\theta_2 \\ e_1^{\mathrm{T}}e_3 = e_3^{\mathrm{T}}e_1 = \cos\theta_3 \end{cases} \tag{4.15}$$

再令 $c_i = \cos\theta_i$, $i = 1,2,3$, 因此得

$$A = \begin{bmatrix} 1 & \cos\theta_1 & \cos\theta_3 \\ \cos\theta_1 & 1 & \cos\theta_2 \\ \cos\theta_3 & \cos\theta_2 & 1 \end{bmatrix} = \begin{bmatrix} 1 & c_1 & c_3 \\ c_1 & 1 & c_2 \\ c_3 & c_2 & 1 \end{bmatrix} \tag{4.16}$$

而逆矩阵 A^{-1} 为

$$A^{-1} = \frac{A^*}{\det A} = \frac{1}{1+2c_1c_2c_3-c_1^2-c_2^2-c_3^2}\begin{bmatrix} 1-c_2^2 & c_2c_3-c_1 & c_1c_2-c_3 \\ c_2c_3-c_1 & 1-c_3^2 & c_1c_3-c_2 \\ c_1c_2-c_3 & c_1c_3-c_2 & 1-c_1^2 \end{bmatrix} \tag{4.17}$$

因此可得

$$\sigma_{X_u}^2 = \operatorname{tr}\left(A^{-1}\cdot P_{\delta z}\right) = \frac{a_1\left(1-c_2^2\right)+a_2\left(1-c_3^2\right)+a_3\left(1-c_1^2\right)}{1+2c_1c_2c_3-c_1^2-c_2^2-c_3^2} \tag{4.18}$$

设 $N = a_1\left(1-c_2^2\right)+a_2\left(1-c_3^2\right)+a_3\left(1-c_1^2\right)$, $D = 1+2c_1c_2c_3-c_1^2-c_2^2-c_3^2$, 式 (4.17) 反映出在各种误差相互独立的条件下, σ_{X_u} 只与 c_1,c_2,c_3 及 a_1,a_2,a_3 这 6 个参数有关. 要使定位精度高, 必须使 $\sigma_{X_u} = \mathrm{PDOP}$ 尽量小.

4.3.2 $\sigma_{X_u}^2$ 与 θ_i、e_i 的关系

3 颗卫星满足什么样的几何位置关系, 或目标在什么位置上, $\sigma_{X_u}^2$ 达到最小值? 因为 $c_i = \cos\theta_i$, $e_i = [e_{i1} \quad e_{i2} \quad e_{i3}]^{\mathrm{T}}$, $a_i = e_{i1}^2\sigma_{x_{s_i}}^2 + e_{i2}^2\sigma_{y_{s_i}}^2 + e_{i3}^2\sigma_{z_{s_i}}^2 + \sigma_{r_i}^2$, $i = 1,2,3$.

① 对式 (4.18) 作下列偏导数, 并令其为零, 得

$$\begin{cases} \dfrac{\partial\sigma_{X_u}^2}{\partial c_1} = -2\dfrac{Da_3c_1+N\left(c_2c_3-c_1\right)}{D^2} = 0 \\ \dfrac{\partial\sigma_{X_u}^2}{\partial c_2} = -2\dfrac{Da_1c_2+N\left(c_1c_3-c_2\right)}{D^2} = 0 \\ \dfrac{\partial\sigma_{X_u}^2}{\partial c_3} = -2\dfrac{Da_2c_3+N\left(c_1c_2-c_3\right)}{D^2} = 0 \end{cases} \tag{4.19}$$

当 $c_1 = c_2 = c_3 = 0$ 时, 可满足式 (4.19), 有

$$\cos\theta_1 = \cos\theta_2 = \cos\theta_3 = 0 \tag{4.20}$$

即 $\theta_1=\theta_2=\theta_3=90°$. 这时可得最小的 σ_{X_u} =PDOP 值为 $(\sigma_{X_u})_{\min} = \sqrt{a_1+a_2+a_3}$, 假如 θ_1 是定值, 即 c_1 =const, 那么 σ_{X_u} 最小的条件是 $\theta_2 = \theta_3 = 90°$, 这时可得

$$(\sigma_{X_u})_{\min} = \sqrt{\frac{1}{1-c_1^2}(a_1+a_2)+a_3} \tag{4.21}$$

对①, 一种情况, 选星时, 保持用户到 3 颗卫星的矢量之间的夹角为 90°, 或用户到 3 颗卫星所在平面的投影是 3 颗卫星所在三角形的垂心, 则 PDOP 最小.

另一种情况, 若保持用户到两颗卫星的矢量夹角是一个定值, 那么选第 3 颗卫星时, 应保持用户到这颗卫星的矢量与其他两个矢量的夹角为 90°, 则 PDOP 也达到最小.

② 另一方面

$$\begin{cases} \dfrac{\partial\sigma_{X_u}^2}{\partial e_1} = \left[\dfrac{\partial\sigma_{X_u}^2}{\partial e_{11}}, \dfrac{\partial\sigma_{X_u}^2}{\partial e_{12}}, \dfrac{\partial\sigma_{X_u}^2}{\partial e_{13}}\right]^{\mathrm{T}} = \dfrac{2\left(1-c_2^2\right)}{D}\cdot\left[\sigma_{x_{s_1}}^2 e_{11}, \sigma_{y_{s_1}}^2 e_{12}, \sigma_{z_{s_1}}^2 e_{13}\right]^{\mathrm{T}} \\ \dfrac{\partial\sigma_{X_u}^2}{\partial e_2} = \left[\dfrac{\partial\sigma_{X_u}^2}{\partial e_{21}}, \dfrac{\partial\sigma_{X_u}^2}{\partial e_{22}}, \dfrac{\partial\sigma_{X_u}^2}{\partial e_{23}}\right]^{\mathrm{T}} = \dfrac{2\left(1-c_3^2\right)}{D}\cdot\left[\sigma_{x_{s_2}}^2 e_{21}, \sigma_{y_{s_2}}^2 e_{22}, \sigma_{z_{s_2}}^2 e_{23}\right]^{\mathrm{T}} \\ \dfrac{\partial\sigma_{X_u}^2}{\partial e_3} = \left[\dfrac{\partial\sigma_{X_u}^2}{\partial e_{31}}, \dfrac{\partial\sigma_{X_u}^2}{\partial e_{32}}, \dfrac{\partial\sigma_{X_u}^2}{\partial e_{33}}\right]^{\mathrm{T}} = \dfrac{2\left(1-c_1^2\right)}{D}\cdot\left[\sigma_{x_{s_3}}^2 e_{31}, \sigma_{y_{s_3}}^2 e_{32}, \sigma_{z_{s_3}}^2 e_{33}\right]^{\mathrm{T}} \end{cases} \tag{4.22}$$

对②, 令 $\dfrac{\partial\sigma_{X_u}^2}{\partial e_{ij}} = 0$, 这里 $i, j = 1, 2, 3$, 有 $e_{ij} = 0$, 但根据实际情况, e_{ij} 不可能全为零. 再进一步, 当 i 固定时, e_{ij} 也不可能同时为零, 即有一个或两个 e_{ij} 为零, 那么只能得到 PDOP 的次优解, 也就是用户到卫星的矢量 r_i 与一个或两个坐标轴的夹角为 90°, 若矢量 r_i 与两个坐标轴的夹角都为 90°, 或接近 90°, 则卫星 $\boldsymbol{s}_i$ 在天顶. 再结合①, 选取剩下两颗卫星, 应使用户到这两颗卫星的两个矢量与矢量 r_i 的夹角成 90° 或接近 90°, 那么这两颗卫星的位置靠近水平面, 这时得到 PDOP 的次优解.

4.3.3 PDOP 与仰角和方位角的关系

在卫星高度一定时, 仰角和方位角决定了卫星的位置, 那么, 3 颗卫星分别有什么样的几何分布关系时 PDOP 最小? 由于 PDOP 的值不随坐标系的不同而发生变化, 为讨论方便, 把地球坐标系的原点平移到用户位置, 坐标轴与相应的地球坐标轴平行同向, 如图 4.2 所示.

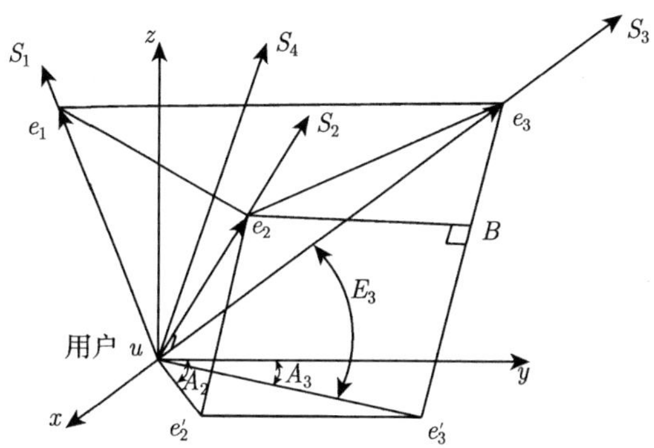

图 4.2 用户到卫星矢量的仰角和方位角差的关系

在①情况下, 当 $\theta_1=\theta_2=\theta_3=90^\circ$ 时, PDOP 最小, 这时的仰角 E 和方位角 A 满足什么条件呢? 这里主要讨论 3 个仰角 $E_i,\ i=1,2,3$ 都不为 90° 或 -90° 的情况. 有一种特殊情况是, 3 颗卫星中有 1 个在坐标轴上, 另两个在与这个坐标轴垂直的坐标平面内, 这种情况的仰角和方位角比较好确定. 由图 4.2 得

$$\cos(A_2-A_3)=\frac{-2\sin E_2\cdot\sin E_3}{2\cos E_2\cdot\cos E_3}=\frac{\cos(E_2+E_3)-\cos(E_2-E_3)}{\cos(E_2+E_3)+\cos(E_2-E_3)} \tag{4.23}$$

在这种情况下, $|E_2-E_3|\in[0^\circ,90^\circ]$, 即 $\cos(E_2-E_3)\geqslant 0$, 那么有

$$\cos(E_2+E_3)\geqslant 0 \tag{4.24}$$

对 $\forall E_2,E_3\in[0^\circ,45^\circ]$ 时, 式 (4.24) 一定成立, 则式 (4.23) 有定义. 这说明只要 E_2,E_3 取值不大, 式 (4.24) 一定成立.

同理,

$$\begin{cases}\cos(A_1-A_2)=\dfrac{\cos(E_1+E_2)-\cos(E_1-E_2)}{\cos(E_1+E_2)+\cos(E_1-E_2)}\\[2mm]\cos(A_3-A_1)=\dfrac{\cos(E_1+E_3)-\cos(E_1-E_3)}{\cos(E_1+E_3)+\cos(E_1-E_3)}\end{cases} \tag{4.25}$$

只要 E_1 和 E_2, E_1 和 E_3 取值不大, 式 (4.25) 就有定义.

综上所述, 由式 (4.23), 式 (4.25) 在 E_1, E_2, E_3 取值不大的情况下, 存在一种情况:

$$|A_1-A_2|\approx|A_2-A_3|\approx|A_3-A_1| \tag{4.26}$$

即 3 颗卫星之间方位角之差都接近于 120°. 可以推断: 仰角较小的 3 颗卫星的仰角越小、彼此的方位角差越均匀, 即方位角差都接近于 120°, 则位置精度衰减因子就较小, 定位精度也就相应较高. 这个结论由下面的仿真结果进一步确定. 另一方面, 再由 4.3.2 节的②知, 有 1 颗卫星的仰角较大, 其他两个卫星的仰角较小, 定位精度也相应较高.

4.4 定位误差及其四维几何分布与选星

4.4.1 定位误差及其 GDOP[125,134]

一般情况下, GPS 卫星钟和用户钟之间存在时钟误差 Δt_u, 这样导致了用户测得的对第 i 颗卫星的伪距为

$$\rho_i = r_i + c\Delta t_u \tag{4.27}$$

这里, r_i 为式 (4.1) 中 r_i, c 为电波的传播速度.

由式 (4.27), 要对用户进行定位, 需要 4 颗 GPS 卫星, 这时卫星的状态矢量为 $s_i = [x_{s_i} \quad y_{s_i} \quad z_{s_i} \quad l_{s_i}]^{\mathrm{T}}$, 用户状态矢量为 $X_u = [x \quad y \quad z \quad -l_u]^{\mathrm{T}}$, 这里 l_u, l_{s_i} 分别为用户和 GPS 卫星时钟误差对应的距离, $i = 1, 2, 3, 4$. 那么, 与式 (4.27) 相对应的定位误差方程[125,134] 是

$$\delta X_u = \left[G^{\mathrm{T}}G\right]^{-1} G^{\mathrm{T}}\delta\left(A_u S - R\right) \tag{4.28}$$

这里, $\delta\left(A_u S - R\right)$ 是 GPS 的测距误差, G 和 A_u 是导航定位解算方程组的系数矩阵, S 为参与定位的 4 颗卫星的状态矢量, R 为量测矢量, 且

$$G = \begin{bmatrix} \cos\alpha_1 & \cos\beta_1 & \cos\gamma_1 & 1 \\ \cos\alpha_2 & \cos\beta_2 & \cos\gamma_2 & 1 \\ \cos\alpha_3 & \cos\beta_3 & \cos\gamma_3 & 1 \\ \cos\alpha_4 & \cos\beta_4 & \cos\gamma_4 & 1 \end{bmatrix} \tag{4.29}$$

式中, $\cos\alpha_i$, $\cos\beta_i$ 和 $\cos\gamma_i\,(i = 1, 2, 3, 4)$ 分别为第 i 颗卫星的斜距矢量在 WGS84 坐标系中关于 3 个坐标轴的方向余弦.

与式 (4.28) 相应的协方差可以表示为

$$\mathrm{cov}\delta X_u = \left[\left(G^{\mathrm{T}}G\right)^{-1} G^{\mathrm{T}}\right]\left[\mathrm{cov}\delta\left(A_u S - R\right)\right]\left[\left(G^{\mathrm{T}}G\right)^{-1} G^{\mathrm{T}}\right]^{\mathrm{T}} \tag{4.30}$$

假设 GPS 卫星的位置和时钟误差为零, 各个测距过程相对独立, 且对应方差为 σ^2, 则

$$\mathrm{cov}\delta\left(A_u S - R\right) = \sigma^2 I$$

则有

$$\mathrm{cov}\delta X_u = \sigma^2\left(G^{\mathrm{T}}G\right)^{-1} \tag{4.31}$$

那么, 定位误差的协方差矩阵为

$$L = \sigma^2\left(G^{\mathrm{T}}G\right)^{-1} \tag{4.32}$$

此时, 对应的几何精度衰减因子 GDOP 为

$$\mathrm{GDOP}=\sqrt{\sum_{i=1}^{4}l_{ii}}=\frac{\sigma\cdot\sqrt{\sum_{i=1}^{4}\sum_{k=1}^{4}G_{ki}^{2}}}{\det G} \tag{4.33}$$

其中, G_{ki} 为 G 各元素的代数余子式, l_{ii} 为协方差矩阵 L 的主对角线元素.

4.4.2 星座仰角和方位角对定位精度的影响

由第 4.3.3 节讨论知, 星座的仰角及方位角的均匀性决定了该星座的几何精度衰减因子 GDOP. 所以现在用 GPS 卫星星座的仰角 E 和方位角 A 来描述定位精度.

由于 GDOP 的值不随坐标系的不同而发生变化, 为讨论方便, 选择坐标系的原点为用户所在点, z 轴指向天顶, xy 平面与当地水平面重合, y 轴指向北, x 轴指向东. 如图 4.3 所示, 用户到卫星矢量的方向余弦与其仰角 E 和方位角 A 的关系为

$$\begin{cases}\cos\alpha=\cos E\cdot\sin A\\ \cos\beta=\cos E\cdot\cos A\\ \cos\gamma=\sin E\end{cases} \tag{4.34}$$

那么, 系数矩阵 G 的表达式为

$$G=\begin{bmatrix}\cos E_1\sin A_1 & \cos E_1\cos A_1 & \sin E_1 & 1\\ \cos E_2\sin A_2 & \cos E_2\cos A_2 & \sin E_2 & 1\\ \cos E_3\sin A_3 & \cos E_3\cos A_3 & \sin E_3 & 1\\ \cos E_4\sin A_4 & \cos E_4\cos A_4 & \sin E_4 & 1\end{bmatrix} \tag{4.35}$$

由式 (4.33) 知, 当其中 A_i 和 3 个 E_i 固定, 而另 1 个 $E_j\ (j\neq i)$ 增大时, GDOP 的值减小. E_j 的值越大, GDOP 的值越小, 且把与 E_j 对应的那颗卫星叫顶座星.

由 4.3.2 节的①②及 4.3.3 节讨论, 且由式 (4.33) 知, 当顶座星的仰角固定时, 要使 GDOP 的值较小, 必须使其余 3 颗卫星的仰角都较小, 且彼此的方位角差要均匀. 如果把这 3 颗仰角较小的卫星叫底座星, 那么方位角和顶座星的仰角固定时, 底座星的仰角越小, GDOP 减小, 且彼此的仰角差值越小, GDOP 也越小; 仰角固定, 3 个底座星的方位角差都接近于 120° 时, GDOP 最小, 定位精度也就相应的越高.

从上面的计算和分析知, GPS 系统定位过程中, 有一组最优的几何配置星座是: 顶座星在天顶, 即它的仰角为 90°, 3 个底座星的仰角都较小, 都接近 −20°, 底

座星间的方位角相差 120°, 此时对应的 GDOP 最小为 1.5812. 这些结论也可以由下面的仿真进一步证实.

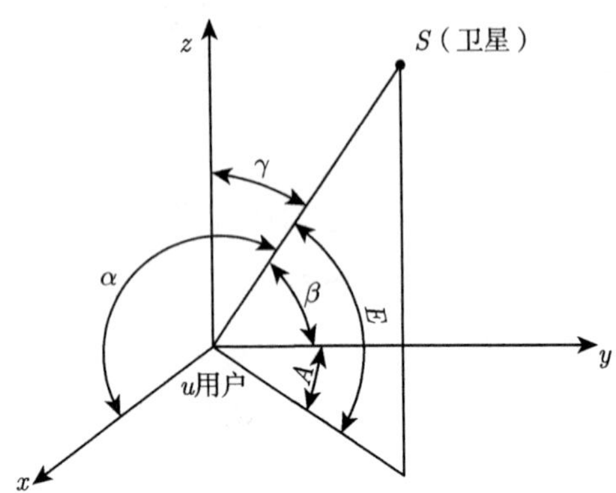

图 4.3 用户到卫星矢量余弦方向的角与其仰角 E 和方位角 A 的关系

4.5 仿真和讨论

4.5.1 仿真

星座的仰角和方位角差对 GDOP 的影响, 可展示在它们的关系曲线中, 仿真结果如图 4.4∼ 图 4.6 所示. 从图 4.4∼ 图 4.6 知, 顶座星仰角越大, GDOP 越小. 另一方面, 在顶座星的仰角一定的前提下, 3 颗底座星的仰角及方位角的均匀性决定了该星座的几何精度衰减因子 GDOP.

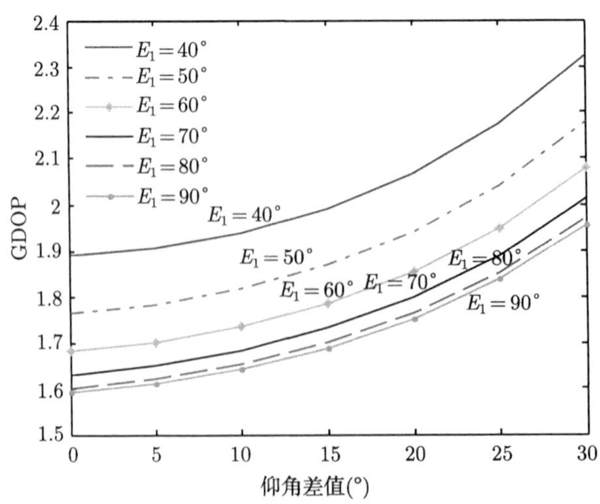

图 4.4 GDOP 与底座星仰角差值间的关系

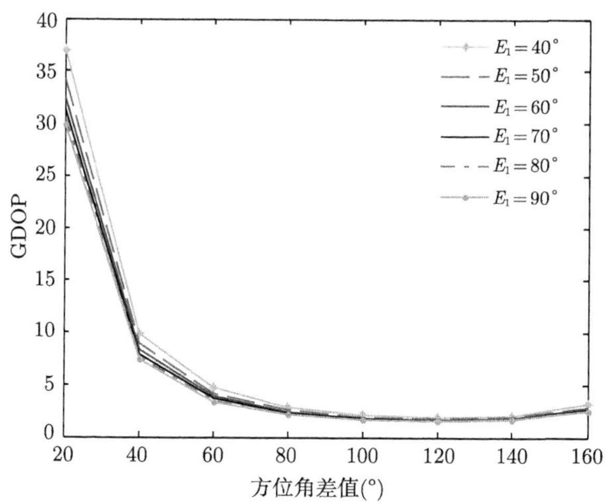

图 4.5 GDOP 与底座星方位角差值间的关系 (后附彩图)

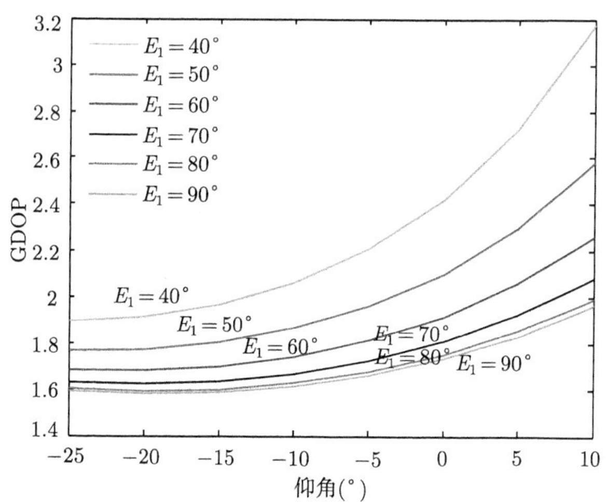

图 4.6 GDOP 与底座星仰角间的关系 (后附彩图)

4.5.2 一种新的选星算法

由卫星对地球或地面目标的覆盖特性[135] 可知, 3 个底座卫星的面积固定或面积增大时, 顶座星的高度越高, 对地球的覆盖面也越大, 则定位精度也越高. 这时 4 颗卫星所构成的四面体体积也越大, 用户到这 4 颗卫星的矢量所对应单位矢量构成的四锥体的体积也越大. 再结合上面的讨论和仿真结果, 可得到类似于文献 [125] 的算法最优 GPS 星座的选择算法:

① 首先选择仰角最大的卫星作为第 1 颗星;

② 选取与第 1 颗卫星的斜距矢量夹角接近于 90° 的卫星作为第 2 颗星;

③ 选取与第 2 颗卫星仰角大小接近、方位角即水平方向相差 120° 的卫星作为第 3 颗星;

④ 从剩下的可见星中选择第 4 颗星, 计算这 4 颗星的四面体体积, 再从体积较大的几个卫星组中选择具有最小几何精度衰减因子的那组卫星参与导航定位解算.

4.6 小　　结

本章先从简单的三维位置分布计算和分析入手, 计算了误差协方差, 讨论了 PDOP 和星座的几何分布的关系. 然后讨论 GPS 卫星的星座几何布置与几何精度 GDOP 的关系, 通过计算、分析和仿真, 得出最优 GPS 卫星的星座选择算法.

事实上, 在实际应用过程中, 获得的卫星配置只能是次优几何配置星座, 或位于次优几何配置星座的附近. 这是因为: ① 底座星的仰角不可能取负角, 要取大于零的角, 顶座星的仰角也不可能取到 90°, 实际要比 90° 小. 对于实际星座的定位精度, 可以用对应底座星偏离次优几何配置星座的底座星的最大程度来描述. ② 误差协方差式 (4.31) 是在一定的假设条件下得到的, 但前面所做的这个假设条件是无法满足的, 这是由于: 测量误差之间也可能是相关的, 而且卫星的位置和时钟也是有误差的, 因此, 理论上求得 $(\mathrm{GDOP})_{\min}$ 的卫星位置与实际上的 GDOP 最小值点有偏差, 但可以借助计算机或通过观察定位精度 GDOP 的区域分布图, 在理论上求得 $(\mathrm{GDOP})_{\min}$ 点或次优 $(\mathrm{GDOP})_{\min}$ 点近区寻找实际的较小的 GDOP 点的位置.

第 5 章　基于模糊推理的目标识别算法

本章提出了一种基于模糊推理与区间值模糊集相结合的推理决策方法, 讨论了基于组合数的有序权均值算子赋权方法, 该方法能够较好地削弱感情因素带来的不利影响. 针对多重多维模糊推理, 提出了一种双阈值区间值模糊推理方法. 该方法通过给每个规则前件赋予一个适当的阈值向量, 过滤掉一些次要因素的影响, 从而过滤掉一些不必要的规则. 将此模糊推理方法用于处理模糊几何特征属性, 并进行纹理目标的分类与识别. 仿真结果表明: 当使用此模糊推理方法识别紊乱纹理目标时, 处理速度快、抗噪声能力强, 目标识别准确率达到 92.7%, 说明使用本章提出的模糊推理方法是有效的.

5.1 引　　言

自 20 世纪 70 年代区间值模糊集的概念被提出后, 经过几十年的发展, 区间值模糊集在理论和应用方面都取得了很大的进展. Gorzalczany 等学者对区间值模糊推理作了系统的研究, 提出区间值近似推理. 我国学者吴望名在 Gorzalczany 等的研究基础上, 进一步提出了两种区间值推理方法[136,137].

在实际应用中, 一个对象的单值隶属度往往不容易确定, 而单值隶属度大概所属的范围较容易确定, 我们将这个范围称为区间值隶属度. 区间值模糊推理方法可以减少推理过程中信息的丢失. 文献 [138] 在区间值模糊关系的基础上研究了简单区间值模糊推理和多重区间值模糊推理的两种推理形式, 但没有考虑推理中带有确定性因子或者权值等参数的情况. 在推理过程中, 由于不同的因素对结果的影响程度是不一样的[139−141], 那么主要因素分配的权重大一些, 次要因素分配的权重小一些, 这是一种符合人的思维过程的想法. Yager 给出的 OWA 算子理论[142] 很好地体现了这一想法.

贴近度是模糊集合理论的一个重要研究对象, 它刻画了两个区间值模糊集之间的相似程度. 本章结合区间值模糊集和 OWA 算子的优点, 提出了一种更贴近实际的双阈值区间值模糊推理方法, 并将该方法应用于纹理目标识别. 文献 [143], [144] 给出了纹理识别的一些新方法, 提出了结合纹理形状和纹理特征的识别方法.

5.2 有序加权平均算子的基本知识

文献 [145] 给出了区间值模糊集的定义. 当对两个区间值模糊集在某方面做比较时, 需要一些指标表示比较结果, 而经常用的指标有距离和贴近度[146], 前者表示两个模糊集差别的程度, 后者则表示两个模糊集相似的程度.

考虑区间值的上限和下限对计算贴近度的影响程度不一样的情况, 以及论域中各因素或属性对于小结的重要性不尽相同, 根据实际情况赋予它们不同的权重, 得到如下贴近度计算公式:

定义 5.1 如果 $A,B\in IF(X)$, 当 $X=\{x_1,x_2,\cdots,x_n\}$ 是有限集时, $\lambda_i,\mu_i\in[0,1]$ 且 $\lambda_i+\mu_i=1$, $\omega=(\omega_1,\omega_2,\cdots,\omega_n)$ 是与论域 X 相关的加权向量, 其中 $\omega_i\in[0\ ,1]$, $\sum\limits_{i=1}^{n}\omega_i=1$, $i=1,2,\cdots,n$, 定义

$$N(A,B)=1-\left\{\sum_{i=1}^{n}\omega_i\left(\lambda_i\left|A^-(x_i)-B^-(x_i)\right|^2+\mu_i\left|A^+(x_i)-B^+(x_i)\right|^2\right)\right\}^{\frac{1}{2}}$$

则 $N(A,B)$ 就是区间值模糊集 A 和 B 的贴近度.

定义 5.2[147] 设 $F:\mathbb{R}^n\to\mathbb{R}$, 若 $F(a_1,a_2,\cdots,a_n)=\sum\limits_{j=1}^{n}\omega_jb_j$, 其中 $\omega=(\omega_1,\omega_2,\cdots,\omega_n)$ 是与函数 F 相关联的 n 维加权向量, $\omega_j\in[0,1],j\in\{1,2,\cdots,n\}$, $\sum\limits_{j=1}^{n}\omega_j=1$, 且 b_j 是一组数据 $(a_1,a_2,\cdots,a_n)$ 中第 j 大的元素, $\mathbb{R}$ 是实数集, 则称函数 F 是 n 维有序加权平均算子 (OWA 算子).

OWA 算子是一种介于最大算子与最小算子之间的多属性决策信息的集结方法, 其特点就是先将给出的决策数据 $(a_1,a_2,\cdots,a_n)$ 按照由大到小的顺序重新排序, 得到新的数据 $(b_1,b_2,\cdots,b_n)$ 并用给出的加权向量对新的数据进行集结. 权值 ω_j 与元素 a_j 没有任何关系, 它只与集结过程中第 j 个位置有关.

在决策或者推理过程中, 一些专家可能会根据自己的喜好憎恶对研究对象做出不合理的评价. 所以, 在试验数据的集结过程中, 要尽量减少这种感情因素造成的不公平现象, 使得评价结果尽量体现公平公正. 从此角度出发给出的权重相对来说较为合理, 因为无论是专家由于喜好而给出的高分, 还是由于憎恶而给出的低分, 都被安排在权重较小的位置, 能够较好地削弱感情因素带来的不利影响. 基于这种考虑, 给出一种基于组合数的 OWA 算子赋权方法[148,149].

5.3　一种区间值模糊推理

5.3.1　推理方法介绍

以多重多维推理为例，给出一种基于贴近度的双阈值区间值模糊推理方法，为了使讨论更贴近实际和更具一般性，设定如下三个条件：

(1) 给第 i 规则配备一个适当的阈值 τ_i, $\tau_i \in [0,1]$, $i=1,2,\cdots,n$, 用来判断此条规则是否能用，若能用，那么就激活此规则；反之，则不激活.

(2) 给第 i 规则的前件配备一个适当的阈值向量 $\boldsymbol{\gamma}_i=(\gamma_{i1},\gamma_{i2},\cdots,\gamma_{im})$, 其中 γ_{ij} 是配备给第 i 条规则的前件 A_{ij} 的阈值, $\gamma_{ij}\in[0,1]$, $i=1,2,\cdots,n$, $j=1,2,\cdots,m$, 当给定的事实 A_j^* 与 A_{ij} 的贴近度 $N\left(A_j^*,A_{ij}\right)\geqslant\gamma_{ij}$ 时，则按照此贴近度值做进一步计算：如果 $N\left(A_j^*,A_{ij}\right)<\gamma_{ij}$, 则取 $N\left(A_j^*,A_{ij}\right)=0$, 然后再作进一步计算. 这种方法有一定的实际意义，因为当 A_j^* 与 A_{ij} 的贴近度 $N\left(A_j^*,A_{ij}\right)$ 过小时，认为此事实对结果的影响可忽略不计.

(3) 根据实际情况，每个前件对小结的影响程度可能不尽相同，因此给第 i 条规则的前件赋予权重 $\omega_i=(\omega_{i1},\omega_{i2},\cdots,\omega_{im})$, $\omega_{ij}\in[0,1]$, $i=1,2,\cdots,n$, $j=1,2,\cdots,m$, 且 $\sum\limits_{j=1}^{m}\omega_j=1$.

ω_{ij} 表示第 i 规则的前件 A_{ij} 对给定的规则后件 B_i 的影响程度. 引入阈值之后，区间值模糊推理的一般形式为:

已知

$$
\begin{aligned}
R_1:&\quad A_{11}\text{ 且 }A_{12}\text{ 且 }\cdots\text{ 且 }A_{1m}\to B_1,\ \gamma_1,\ \tau_1\\
R_2:&\quad A_{21}\text{ 且 }A_{22}\text{ 且 }\cdots\text{ 且 }A_{2m}\to B_2,\gamma_2,\tau_2\\
&\qquad\vdots\\
R_n:&\quad A_{n1}\text{ 且 }A_{n2}\text{ 且 }\cdots\text{ 且 }A_{nm}\to B_n,\gamma_n,\tau_n
\end{aligned}
$$

且给定事实, A_1^* 且 A_2^* 且 $\cdots$ 且 A_m^*, 求 B^*.

其中, A_{i1} 是论域 $X_1=\{x_{11},x_{12},\cdots,x_{1m_1}\}$ 上的区间值模糊集, A_{i2} 是论域 $X_2=\{x_{21},x_{22},\cdots,x_{2m_2}\}$ 上的区间值模糊集, A_{ij} 是论域 $X_j=\left\{x_{j1},x_{j2},\cdots,x_{jm_j}\right\}$ 上的区间值模糊集, B_i 是论域 $Y=\{y_1,y_2,\cdots,y_q\}$ 上的区间值模糊集.

$$A_{i1}=\left\{\left[A_{i1}^-(x_{11}),A_{i1}^+(x_{11})\right],\left[A_{i1}^-(x_{12}),A_{i1}^+(x_{12})\right],\cdots,\left[A_{i1}^-(x_{1m_i}),A_{i1}^+(x_{1m_i})\right]\right\}$$

$$A_{ij}=\left\{\left[A_{ij}^-(x_{j1}),A_{i1}^+(x_{j1})\right],\left[A_{i1}^-(x_{j2}),A_{i1}^+(x_{j2})\right],\cdots,\left[A_{i1}^-(x_{jm_i}),A_{i1}^+(x_{jm_i})\right]\right\}$$

$$B_i=\left\{\left[B_i^-(y_1),B_i^+(y_1)\right],\left[B_i^-(y_2),B_i^+(y_2)\right],\cdots,\left[B_i^-(y_q),B_i^+(y_q)\right]\right\}$$

那么，新的基于贴近度的区间值模糊推理算法流程如图 5.1 所示.

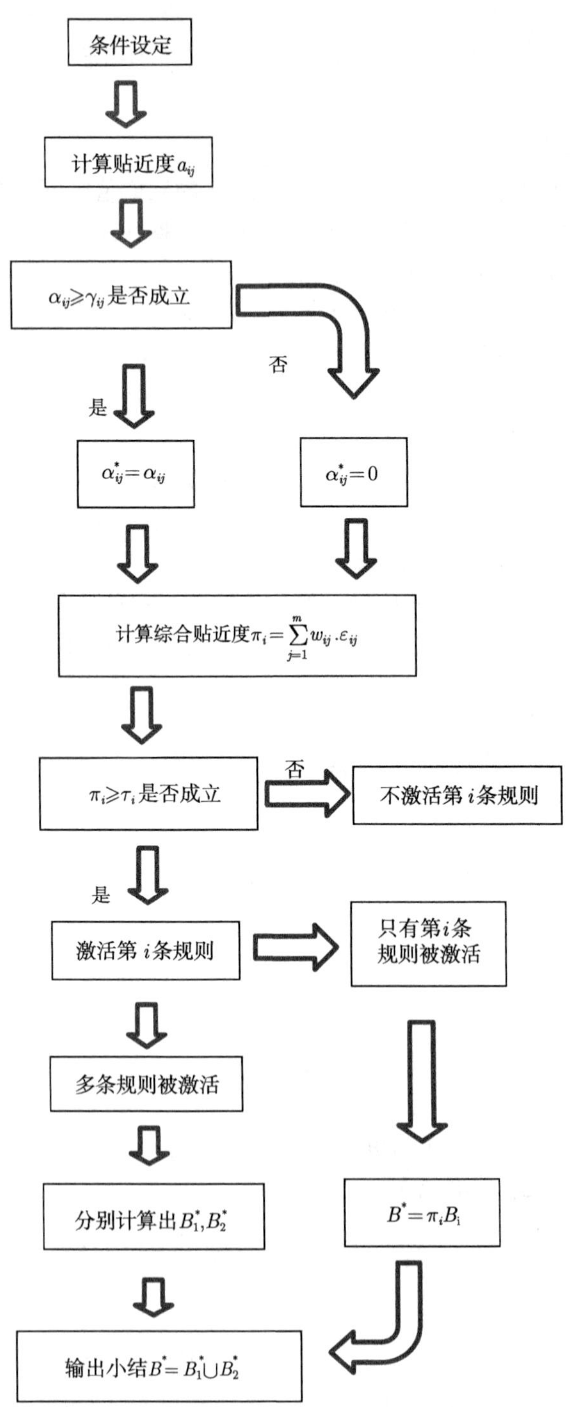

图 5.1　新的基于贴近度的区间值模糊推理算法流程图

(1) 激活规则的判定：先计算每条规则的各个前件和给定事实对应的前件的贴近度：

$$\alpha_{ij} = N\left(A_j^*, A_{ij}\right), \quad i = 1, 2, \cdots, n, \quad j = 1, 2, \cdots, m$$

其中 α_{ij} 可采用上述贴近度计算公式进行计算.

首先, 用所得贴近度 α_{ij} 与所给的对应阈值 γ_{ij} 作比较, 若 $\alpha_{ij} \geqslant \gamma_{ij}$, 则记 $\alpha_{ij}^* = \alpha_{ij}$; 若 $\alpha_{ij} < \gamma_{ij}$, 则记 $\alpha_{ij}^* = 0$. 然后记比较后的贴近度向量为 $\alpha_i^* = (\alpha_{i1}^*, \alpha_{i2}^*, \cdots, \alpha_{im}^*)$.

然后, 令 $\boldsymbol{w}_i = (w_{i1}, w_{i2}, \cdots, w_{im})$, $i = 1, 2, \cdots, n$ 是基于组合数的 OWA 算子, 并计算第 i 条规则的综合贴近度, 记为 π_i, 则

$$\pi_i = \sum_{j=1}^{m} w_{ij} \cdot \varepsilon_{ij}, \quad i = 1, 2, \cdots, n$$

其中 $(\varepsilon_{i1}, \varepsilon_{i2}, \cdots, \varepsilon_{im})$ 是 $\alpha_i^* = (\alpha_{i1}^*, \alpha_{i2}^*, \cdots, \alpha_{im}^*)$ 的分向量按照从大到小排序后得到的向量.

依据所给定的阈值 τ_i, 有如下小结:

① 若 $\pi_i \geqslant \tau_i$, 则激活此规则;

② 若 $\pi_i < \tau_i$, 则不激活此规则.

(2) 综合计算：当只有第 i 条规则被激活时, 按照如下计算方法计算输出小结:

$$\begin{aligned} B^* = \pi_i \cdot B_i = \{ & \left[\pi_i B_i^-(y_1), \pi_i B_i^+(y_1)\right], \left[\pi_i B_i^-(y_2), \pi_i B_i^+(y_2)\right], \cdots, \\ & \left[\pi_i B_i^-(y_q), \pi_i B_i^+(y_q)\right] \} \end{aligned}$$

当有 $p\,(p > 1)$ 条规则都被激活时, 考虑这些被激活规则推出的小结加上适当权重, 得出最终小结. 假设权重中涉及参数 β, 利用综合贴近度 π_i 来确定权重向量, β 定义为 $\beta = \max\limits_{\text{第 } i \text{ 条规则被激活}} (\pi_i)$. 记 s 为被激活规则中综合贴近度取值为最大的规则的个数.

令 $I = \{i|\ \text{第 } i \text{ 条规则被激活, 且 } \pi_i = \beta, 1 \leqslant i \leqslant n\}$, 给 B_i 赋予权重 $\dfrac{1+\beta}{2s}$, 则综合贴近度取值为最大的规则的小结记为 $B_1^* = \bigcup\limits_{i \in I} \dfrac{1+\beta}{2s} B_i$;

剩余的被激活规则所推出的小结赋予权重 $\dfrac{1-\beta}{2(p-s)}$, 则剩余规则的小结记为 $B_2^* = \bigcup\limits_{i \notin I} \dfrac{1-\beta}{2(p-s)} B_i$.

(3) 小结输出：把步骤 (2) 所得小结取并, 得到实际输出 $B^* = B_1^* \bigcup B_2^*$.

5.3.2 实例分析

例 5.1 假设某区间值模糊推理系统的知识集中包含有如下多重多维区间值模糊产生式规则:

已知

$$
\begin{aligned}
R_1:&\quad A_{11}\text{ 且 }A_{12}\text{ 且 }A_{13}\to B_1,\ \gamma_1,\ \tau_1\\
R_2:&\quad A_{21}\text{ 且 }A_{22}\text{ 且 }A_{23}\to B_2,\gamma_2,\tau_2\\
R_3:&\quad A_{31}\text{ 且 }A_{32}\text{ 且 }A_{33}\to B_3,\gamma_3,\tau_3
\end{aligned}
$$

且给定事实 A_1^* 且 A_2^* 且 A_3^*, 求 B^*. 其中

$$
\begin{aligned}
&A_{11}=\{[0.1,0.2],[0.1,0.3]\},A_{12}=\{[0.1,0.3],[0.4,0.5],[0.7,0.8]\},\\
&A_{13}=\{[0.2,0.3],[0.1,0.3],[0.4,0.6],[0.8,0.9]\};\\
&A_{21}=\{[0.4,0.6],[0.6,0.7]\},A_{22}=\{[0.2,0.4],[0.7,0.9],[0.4,0.5]\},\\
&A_{23}=\{[0.4,0.6],[0.5,0.6],[0.7,0.8],[0.3,0.5]\};\\
&A_{31}=\{[0.7,0.9],[0.8,0.9]\},A_{32}=\{[0.6,0.8],[0.1,0.3],[0.5,0.7]\},\\
&A_{33}=\{[0.7,0.8],[0.6,0.8],[0.2,0.4],[0.5,0.7]\};\\
&B_1=\{[0.2,0.4],[0.5,0.6]\},B_2=\{[0.5,0.7],[0.1,0.3]\},B_3=\{[0.6,0.8],[0.9,0.95]\};
\end{aligned}
$$

给定的事实为

$$
\begin{aligned}
&A_1^*=\{[0.6,0.8],[0.4,0.6]\},A_2^*=\{[0.1,0.3],[0.4,0.6],[0.6,0.8]\},\\
&A_3^*=\{[0.5,0.7],[0.4,0.5],[0.3,0.5],[0.4,0.6]\}.
\end{aligned}
$$

为简便起见, 取 $\gamma_1=\gamma_2=\gamma_3=(0.6,0.6,0.6)$, $\tau_1=0.65$, $\tau_2=0.65$, $\tau_3=0.70$.

下面将按照前面提到的推理步骤进行推理, 并得到系统的推理结果. 推理过程如图 5.2 所示.

首先，利用所给贴近度计算公式计算出给定事实 A_j^* 与第 i 规则的贴近度 α_{ij}. 其中 $\lambda_i=0.4,\mu_i=0.6$, ω_i 的值由基于组合数的 OWA 算子确定. 经计算得出, $\alpha_1=(0.57,0.965,0.74)$, $\alpha_2=(0.83,0.77,0.78)$, $\alpha_3=(0.78,0.675,0.865)$, 经与 $\gamma_j=(0.6,0.6,0.6)$ 比较可得, $\alpha_1^*=(0,0.965,0.74)$, $\alpha_2^*=(0.83,0.77,0.78)$, $\alpha_3^*=(0.78,0.675,0.865)$.

然后, 令第 i 条规则前件对小结的影响程度权向量 $\omega_i=(\omega_{i1},\omega_{i2},\cdots,\omega_{im})$, $i=1,2,\cdots,n$ 取值是由基于组合数的 OWA 算子得到的. 则给定事实 A^* 与第 i 条规则的综合贴近度 π_i 分别是：$\pi_1=0.61125$, $\pi_2=0.79$, $\pi_3=0.775$. 依据所给定的阈值 τ_i, 可得:

$\pi_1=0.61125<\tau_1=0.62$, 则第 1 条规则不被激活;

$\pi_2 = 0.79 > \tau_2 = 0.65$, 则第 2 条规则激活;

$\pi_3 = 0.775 > \tau_3 = 0.70$, 则第 3 条规则激活.

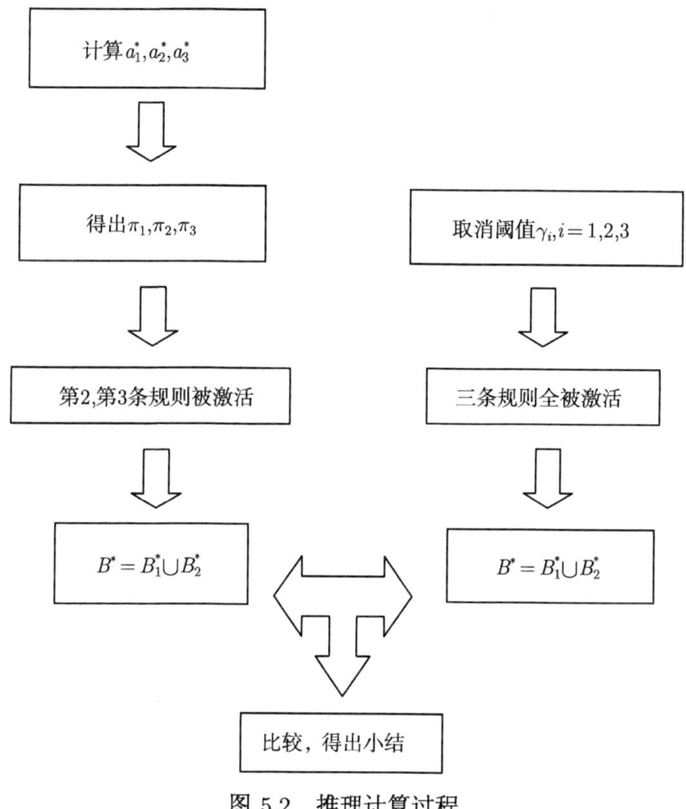

图 5.2 推理计算过程

最终实际输出结果 $B^* = B_1^* \bigcup B_2^* = \{[0.4475, 0.6265], [0.0945, 0.2685]\}$.

如果在上述算例中, 取消阈值 $\gamma_i, i = 1, 2, 3$, 其他不变. 可得

$$\pi_1 = 0.75375 > \tau_1 = 0.65$$

则第 1 条规则也被激活. 那么最终实际输出结果为 $B^* = B_1^* \bigcup B_2^* = \{[0.4475, 0.6265], [0.0845, 0.2685]\}$.

比较上述两个最终输出结果, 可以看出两个结果是有区别的. 这里设定的阈值 $\gamma_i, i = 1, 2, 3$, 是有效的, 可以过滤掉一些不必要的规则, 并影响最终输出结果.

5.4 模糊推理方法在纹理目标识别中的应用

利用本章给出的模糊推理方法从紊乱的纹理图像中提取模糊几何特征属性, 进

行纹理目标的分类与识别. 其流程如图 5.3 所示.

(1) 一般纹理都是选择纹理中心的地方. 因为这一片段含有几条非常明显、纹理粗壮的主线、纹理较浅、纹线较细的皱纹、乳突纹、三角点、分叉点等大量的细枝末节信息. 这里, 选取分布着大量方向不同、长度不同、粗细和深浅不同的纹线, 这些纹线势必会形成大量的交叉点, 这些交叉点的类型又各不相同, 包括二叉点、三叉点、四叉点等, 这些分叉点分布位置不同、数量不同, 可以作为精确的特征进行身份识别的处理, 从而进行目标识别.

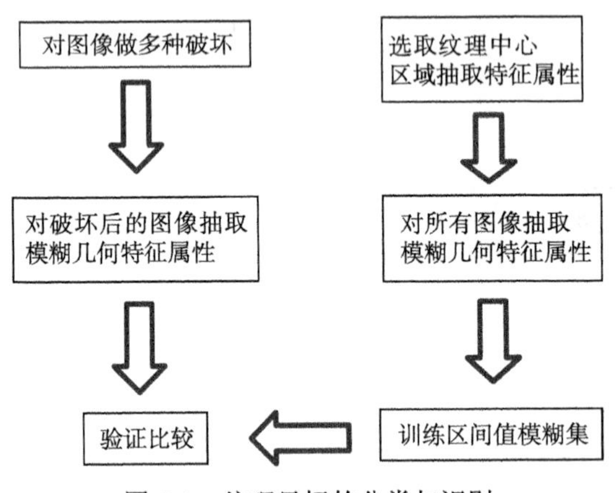

图 5.3　纹理目标的分类与识别

(2) 抽取所有图像的模糊几何特征属性, 即纹理的长度、宽度、高度、广度、深度、面积、环形周长、紧密度和面积覆盖指标.

(3) 用模糊几何特征集作为输入, 训练区间值模糊集.

(4) 在重叠纹理模式中, 进行多种破坏 (割裂、弄污、涂墨水、覆盖和 12%任意重叠) 及同时从纹理图像中抽取模糊几何特征.

(5) 最后, 用被破坏的重叠纹理图像验证区间值模糊集结构抽取的推理, 并且把毁坏的纹理与真实的纹理作比较.

在识别过程中, 需要对数据库中所有样本进行搜索, 找到与待识别纹理图像来自同一目标的样本, 进而完成目标身份的验证. 为了提高准确性和高效性, 采用分层识别法进行搜索. 每一个纹理图像在经过预处理及特征提取后, 都由两个特征确定, 首先, 由特征分解系数特征对数据库进行第一次搜索, 得到系数特征相似的纹理图像组成候选集; 然后, 在候选集中, 由特征分解能量特征进行第二次搜索, 得到最终识别结果.

1) 实验与分析

根据本章提出的推理方法, 验证其在目标识别中的应用效果如下:

(1) 本章从拍摄的 1000 张纹理图片中随机选取 100 张不同纹理, 从每张纹理

的 20 幅图像中随机选取 6 幅, 共 600 幅纹理图像;

(2) 从每张纹理的 6 幅图像中随机选取 1 幅, 共 100 幅, 组成实验纹理图像数据库; 其余 500 幅纹理图像组成测试样本库;

(3) 对建立好的纹理图像数据库中 100 幅纹理图像进行预处理及特征提取, 分别得到 100 个系数特征向量和 100 个能量向量;

(4) 同时, 对测试样本库中的纹理图像进行预处理及特征提取, 得到相应的系数特征和能量特征;

(5) 按照测试样本的系数特征与待处理目标的系数特征集中所有特征向量进行第一次匹配, 将匹配相似的系数特征所对应的能量特征组成候选集; 令能量特征与候选集中的特征向量进行第二次匹配, 匹配结束后得到的能量特征所对应的纹理图像即为识别结果.

(6) 将测试样本数据库中的每一幅图像按照步骤 (4)、(5) 进行 200 次识别, 记录正确识别和错误识别的次数, 经过计算得出识别率.

本章对提供的实际运行数据进行了实验. 实验表明, 纹理的这三个特征属性: 高度、长度和面积覆盖指标的这些数据组合, 结合为一组作为输入, 并与现有图像降噪纹理特征提取方法作比较[150−152], 同时被测试时, 得到了最好的结果, 如图 5.4 所示. 而其他的模糊几何特征组合, 同时被测试时, 所得的矢量表明, 辨识率不高. 输入属性增多时, 并不能提高辨识率, 有时反而会降低推理的学习率, 同时还会降低小结的一般性.

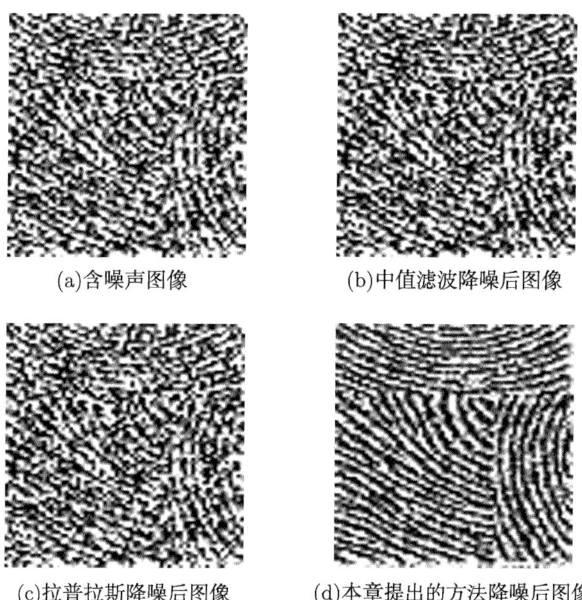

(a)含噪声图像 (b)中值滤波降噪后图像

(c)拉普拉斯降噪后图像 (d)本章提出的方法降噪后图像

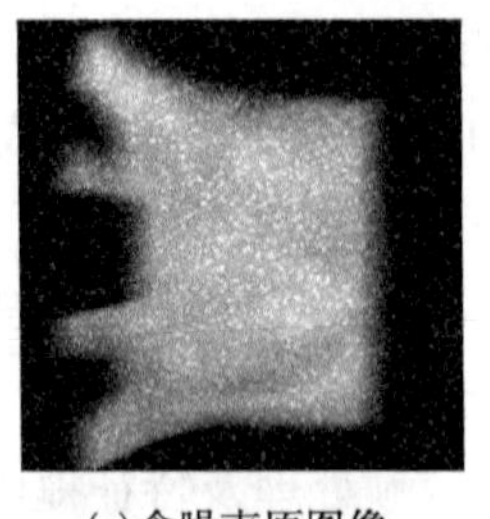

(e) 含噪声原图像

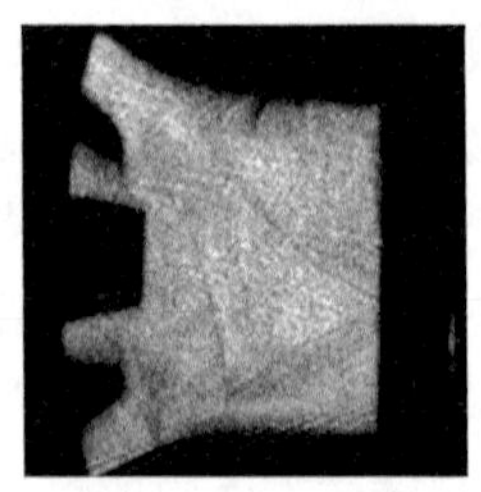

(f) 坎尼算子降噪

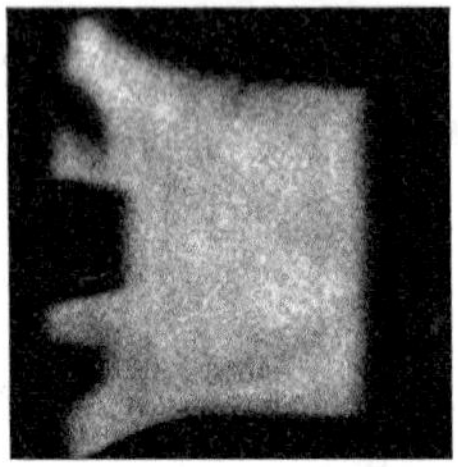

(g) 高斯算子降噪

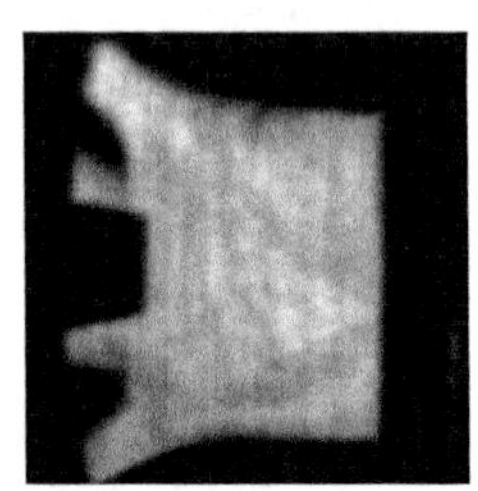

(h) 本章提出方法的降噪

图 5.4 本章提出的模糊推理方法与现有方法在纹理图像处理中的比较

2) 结果讨论

(1) 从实验中还可以看出, 重叠度越大, 验证图像作为重叠一类越好. 纹理重叠少时, 主要看图像的背景. 用不同的推理, 对多种重叠纹理图像进行不同类型的破坏, 实验结果是相似的.

(2) 从实验结果还可知, 在不同人工破坏中, 大部分都能够容易识别, 识别程度从易到难依次为: 平均损失信息、割裂、弄污. 而在涂墨水情况下, 会产生较坏的结果.

本章对纹理数据采用基于有序加权平均算子的区间值模糊集贴近度的模糊推理等技术, 发现使用这些技术后, 不仅推理速度有了较大提高, 而且还使推理系统的识别精度得到大大改善, 如图 5.5 所示.

为了评价各算法的综合性能, 本章根据计算速度、正确识别率两个方面, 采用定量与定性相结合的方法, 进行综合比较, 并评价了所提出的方法与现有方法对纹理图像识别结果的优劣. 表 5.1 给出了综合比较结果.

基于实验得到, 随着样本数增多, 对相同时间内的每一定量的样本, 统计得到对应一定数量样本的正确识别率, 那么进一步对采样周期内的不同样本量计算平均正确识别率, 可得在仿真 500 次时本章提出的方法、中值滤波法、拉普拉斯法的平均正确识别率分别为 92.7%, 90.58%, 91.29%. 仿真结果如图 5.6 所示.

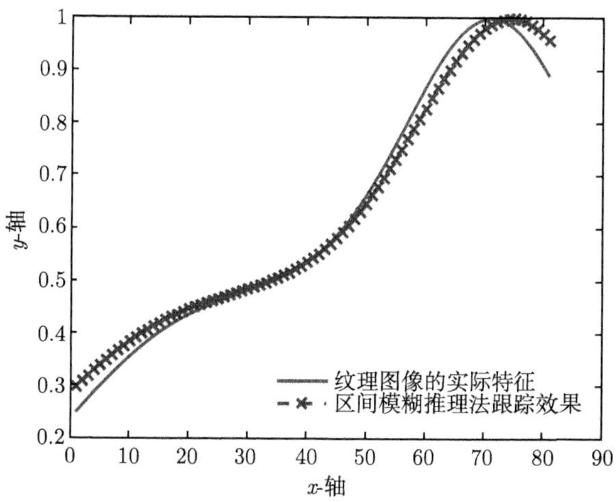

图 5.5 区间模糊推理法对纹理图像特征的实际跟踪结果

表 5.1 本章提出的方法与现有方法对纹理图像识别结果的比较

算法	平均正确识别率 $\bar{R}_c$	识别速度
本章提出的方法	92.7%	3.66s
中值滤波法	90.58%	4.05s
拉普拉斯法	91.29%	3.97s

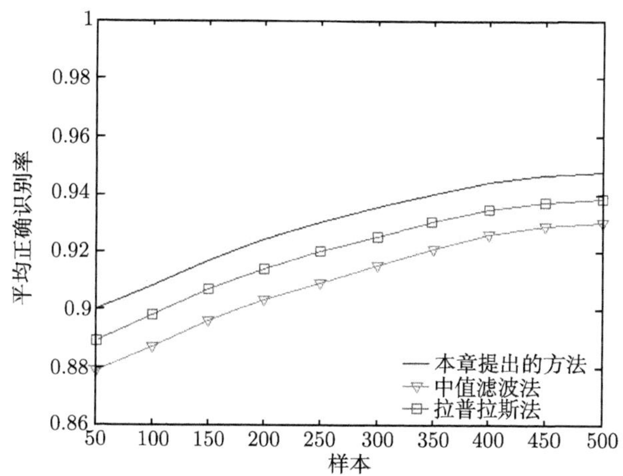

图 5.6 本章提出的模糊推理识别法与现有的其他识别法的平均正确识别率比较

从图 5.6 知, 基于本章提出的模糊推理识别法的平均正确识别率最高. 实验中,随着样本数的增多, 平均正确识别率不断增大, 达到一定的样本量时再增大样本, 曲线逐渐趋于平稳.

5.5 小 结

本章在计算区间值模糊集贴近度时, 考虑区间值的上限和下限对计算贴近度的影响程度不一样的情况, 以及论域中各因素或属性对于小结的重要性不尽相同, 得到一种新的区间值模糊集贴近度的计算方法; 结合区间值模糊集和 OWA 算子的优点, 针对多重多维模糊推理, 提出了一种双阈值区间值模糊推理方法, 并用该方法从紊乱的纹理图像中提取模糊几何特征属性, 进行纹理目标的分类与识别. 仿真结果表明: 当使用此模糊推理方法识别紊乱纹理目标时, 处理速度较快、抗噪声能力较强, 目标识别准确率较高, 说明使用本章提出的模糊推理方法是有效的.

本章的工作, 作者认为还有很多问题需要进行深入的研究. 比如在实际应用中, 如何合理地确定权值向量, 使得区间值模糊近差能够更加真实地反映出实际情况, 是一个难题. 下一步的工作, 将结合神经网络来寻求这一问题的解决方法.

第 6 章　基于阈值的模糊目标识别算法

对模糊图像的研究能为军事、公安、金融等部门提供准确、快速的目标识别方法. 如何完成模糊图像的模糊信号处理, 是现在许多应用图像部门亟待解决的难题. 本章将针对图像处理问题中的模糊性在不确定因素分类与影响分析的基础上, 实施去模糊处理, 给出模糊处理方法, 并与其他图像的降噪处理作比较, 再利用仿真实验系统地分析模型与算法的有效性. 然后, 利用小波变换对图像进行分解, 提取小波系数和图像的能量特征, 给出匹配与识别方法, 通过实验, 讨论了提出的识别方法与现有的几种识别方法在目标识别中的比较. 实验结果表明, 该识别方法的识别精度高、速度快, 比现有的目标识别方法的识别率平均提高了 5.16%. 本章的研究, 为提高模糊目标识别的实时性和准确性提供了重要的理论借鉴和现实意义.

6.1　引　　言

随着国内外航空航天技术的不断发展, 我们对航天器的功能也在不断完善. 航天器在目标识别上面的发展将会是科学研究不可忽略的一个重要的部分, 而目标的多属性特征的提取、识别与跟踪将会是航天器目标识别与跟踪的一个必然的热门发展方向, 目标的自动识别与跟踪是多目标与多属性特征提取方面必不可少的环节.

迄今为止, 针对点目标识别, 人们已经发展了一系列比较成熟的滤波预处理算法用于背景抑制, 这些方法原理简单, 易于实现, 因而得到了广泛的应用. 其中, 发展得较早, 工程上用得较多的是高通滤波[153] 和最小均方误差滤波[154] 两种方法. 当后续的算法对脉冲噪声比较敏感时, 中值滤波对脉冲噪声有较好的抑制效果, 因此对于红外图像的模糊目标采用中值滤波作预处理是比较合适的, 中值滤波在处理红外图像时很频繁[155]. 由于目标较小, 滤波时很有可能将目标滤掉, 此时滤波的模板的选择就较为重要. 除一般的四联通和八联通模板外, 还有一种带保护带的滤波模板[156], 改进的中值滤波模板都得到较好的滤波效果[157]. 数学形态学方法是一种用于数字图像处理和识别的理论和方法, 能够去除高频噪声和背景边沿高频分量的干扰, 是一种有效的模糊目标识别方法. 它的主要内容是设计一整套运算算子来描述图像各个像元之间的关系, 常用的运算包括开、闭、腐蚀和膨胀等. 数学形态法对图像序列进行膨胀累加, 可使目标能量增强[158]. 使用 Top-hat 算子也可达到较好的背景抑制效果[159].

对于模糊目标而言, 许多研究者将其等同于噪声, 试图估计出没有模糊目标的图像, 与原图像相减, 在残差图像上识别出模糊目标. 此种算法适合背景较复杂, 而模糊目标只有几个像素大小, 接近于点目标的情况. 估计背景图像的方法主要为神经网络法. 神经网络法利用神经网络的函数逼近特性对红外图像进行背景估计, 然后根据背景对消原理消去背景信息, 从而识别到潜在的红外模糊目标[160]. 随着小波理论的发展, 这种方法被频繁用于模糊目标的识别. 对原图像进行小波分析后, 可以将小波低频分量 (背景信息) 和高频信息 (噪声、边缘信息) 分离开来, 利用小波分析的多分辨率特性来实现模糊目标的精确定位检测[161]; 也可对小波变换高频子图像进行处理, 利用小波变换的区域相关算法, 检测模糊目标[162]. 这种方法是目前识别效果较好的一种.

背景预测的基本原理是从低通滤波的角度进行背景抑制的[163]. 红外图像中的背景像素点具有很强的相关性, 它的灰度值可以通过周围相邻的像素点进行预测. 而图像中的目标点与周围像素点具有很大的差异, 通过周围像素点进行预测就会产生很大的误差. 事实上, 背景预测是将高强度的背景转化为低强度的白噪声背景, 从而有效抑制背景.

近些年来, 利用生物视觉机理进行背景抑制的方法越来越多. 侧抑制网络就是利用鱼的视觉神经网络的原理模拟出来的, 它是利用神经元之间相互抑制作用来实现的. 侧抑制网络实际上是一种衰减低频信号的高通滤波器, 将其应用于红外背景抑制技术, 可以有效地抑制背景、增强目标[164]. 另外, 还有利用蜂群视觉进行的背景抑制[165].

1983 年, 美国工程科学院院士、南加州大学 I.S.Reed 等将匹配滤波器理论推广到三维图像序列上, 把运动小目标识别问题转化为三维变换域中寻找匹配滤波器的问题. Reed 等通过实验验证了三维匹配滤波器能够有效地提高低信噪比条件下对运动小目标的识别能力. 1988 年, 他们又通过实验证明了匹配滤波器具有检测强度低于噪声信号 (信噪比小于 1 时) 的能力, 此后, 他们又将该方法简化为先在空域中进行二维匹配滤波, 然后再在时间序列中进行递推求和. 这种算法是在加性背景杂波及噪声的图像序列中识别已知速度大小和方向的目标的最优三维线性匹配滤波器 (平面二维, 时间一维). 其原理是: 针对目标所有可能的运动情况设计多个滤波器, 从中选出输出信噪比最大的滤波器, 确定目标位置和运动轨迹. 这种方法的优点是: 可以实现多条航迹的同时识别; 缺点是: 需要大量的匹配滤波器对目标进行识别, 计算量大, 实时性较差, 而且只适用于做匀速直线运动的固定大小目标.

加拿大昆士兰大学的 S.D.Blostein 博士及 T.S.Huang 教授提出多级假设检验方法 (MSHT). 该方法是: 根据限定的速度及方向, 沿着轨迹上的像素灰度累加值与两个门限进行比较, 超过上门限的轨迹被认为是目标轨迹, 低于下门限的轨迹作为噪声轨迹, 介于上下门限之间的轨迹继续延伸, 在下一帧上进行同样的判断. 该方法分成两个步骤, 首先对图像序列做预白化处理, 经预白化的图像序列的噪声模型是零均值的高斯白噪声, 然后应用截断的序贯似然比检验, 随时去除没有通过检验的树, 从而减少运算量和存储量. MSHT 是一种高效算法, 计算量小, 存储量少, 具有同时检测出多个做不同方向直线运动的目标的能力. 但在低信噪比下, 候选目标轨迹的起始点非常多, 导致计算量迅速增大, 同时在检测过程中会出现检测帧数大于固定长度假设检验算法帧数.

1985 年, 美国 Saxpy 公司的 Y.Barniv 博士将动态规划方法用于识别运动目标, 并提出采用基于目标运动状态变量, 即用动态规划技术进行多判决的统计方法来替换差分方法, 实现了对低信噪比条件下运动小目标的识别. 该方法利用动态规划分段优化的思想, 将目标轨迹搜索问题分解为分级优化的问题. 该方法依据最大概率准则设定一个评价函数, 对评价函数作了一定阶段的递推后找到所有可能的判断, 得到可能目标运动轨迹, 然后对这些轨迹进行直线拟合, 剔除非直线轨迹, 并把同一目标产生的轨迹合并, 得到识别结果. 基于动态规划的识别方法是基于像素级的操作运算, 能在低信噪比下识别出做直线运动的点目标轨迹且计算量小. 但目标速度未知时, 计算过程中所需速度参数无法确定, 而将速度的参数放宽时, 计算量将迅速增大, 并导致算法识别性能降低, 同时对目标轨迹进行反向跟踪时需要较大的存储量.

投影变换方法是通过某种形式的投影变换或逻辑运算, 先将三维空间轨迹识别转化为二维平面轨迹识别问题, 然后对二维平面内的轨迹进行搜索, 实现能量积累和门限处理. 识别方法是每一帧图像经过门限处理, 识别出投影在同一个平面上的点, 再对投影平面进行门限处理, 采取计算量较小的后处理方法识别出目标运动的轨迹, 最后采用投影法确定目标轨迹在三维空间的大致范围, 将识别出的目标轨迹还原到三维空间进行匹配滤波. 这种方法的优点是: 避免投影法因 SNR 的损失造成的处理能力下降, 大大减少了三维搜索识别过程中的数据量和存储量, 利于硬件实时处理; 缺点是: 在噪声较强和目标帧间位移较大时, 识别性能下降得很厉害.

时域滤波算法是利用背景杂波、噪声及目标像素点在时间上有着不同的特征来识别模糊目标的. 识别方法是当目标经过某一像素点时, 靠近该像素点时会出现幅值上升, 离开该像素点时幅值下降, 从而出现先升后降的特性, 而背景则无此特征, 时域滤波正是利用此差别来进行识别的. 但时域滤波算法没有充分利用模糊目标与背景在空间上的特征差别, 而且算法要求图像帧速快, 否则目标在某像素点只能引起幅值突跳, 无法可靠地将目标与噪声进行区分.

目前模糊目标识别研究的重点在如何将真实模糊目标和伴随诱饵分离. 最常用的是将不同红外图像传感器得到的信息进行融合, 增强信息的互补性, 提高识别能力, 分步实现模糊目标识别 [166]. 将雷达和图片所获得的模糊目标运动信息相融合, 也可以实现模糊目标的识别. 也有利用改进证据组合公式, 将多帧图像进行像素级融合, 也得到了不错的识别效果.

6.2 模糊信号的阈值处理方法

由于图像采集系统、自然界中不同的物理现象如光照不能完全均匀分布等多方面的原因, 所获得的图像边缘强度不同. 而且, 在实际场合中, 图像数据往往还被噪声所污染. 同时景物特性混在一起又会使随后的解释变得非常困难. 要实现对画面意图的准确领会, 需要研究既能检测出强度的非连续性, 又能同时确定它们的精确位置的目标识别方法, 这就需要发展新的解决此类问题的不确定性处理方法和算法.

在某些情况下, 获取的图像大多是模糊不清的. 除客观原因外, 还有一些主观原因造成图像的模糊, 如图像被割裂、弄污等. 针对这些图像中的模糊性, 本章在不确定因素分类与影响分析的基础上, 采取阈值的方法处理模糊信号, 提出能改善图像质量的模糊信号处理方法和算法, 如图 6.1 所示.

(a) 含噪声图像

(b) 提出方法的模糊处理

图 6.1 模糊图像的预处理

利用阈值对图像进行锐化去模糊处理, 基本算法如下:

对含噪声的信号做小波函数变换之后, 计算相邻尺度间小波系数的相关性, 根据相关性的大小区别小波系数的类型, 进行取舍, 再进行重构.

传统的去噪方法是将被噪声干扰的信号通过一个滤波器, 滤掉噪声频率成分, 但对脉冲信号、白噪声、非平稳过程信号等有一定局限性. 对这类信号, 在低信噪比情况下, 经过滤波处理, 不仅信噪比得不到较大改善, 而且信号的位置信息也被模糊掉了.

基于小波变换的去噪方法, 利用小波变换中的变尺度特性, 对确定信号有一种“集中” 能力. 如果一个信号的能量集中于小波变换域少数小波系数上, 那么, 它们的取值必然大于在小波变换域内能量分散的大量信号和噪声的小波系数. 这就可用阈值方法.

给定一个阈值 δ, 所有绝对值小于 δ 的小波系数划为 "噪声", 它们的值用零代替, 而超过阈值 δ 的小波系数的数值被缩减后再重新取值, 这时的符号为原小波系数的符号. 这种方法意味着, 阈值化移去小幅度的噪声, 或非期望的信号, 经小波逆变换, 得到所需要的信号.

6.2.1 阈值降噪

1. 软阈值与硬阈值

软阈值化与硬阈值化是对超过阈值的小波系数进行缩减的两种主要方法.

软阈值化表示式为

$$W_\delta = \begin{cases} \operatorname{sgn}(W)(|W| - \delta), & |W| \geqslant \delta \\ 0, & |W| < \delta \end{cases}$$

硬阈值化表示式为

$$W_\delta = \begin{cases} W, & |W| \geqslant \delta \\ 0, & |W| < \delta \end{cases}$$

两种阈值方法各有差异, 前者具有连续性, 在数学上易于处理, 而后者更接近实际情况. 阈值化处理的关键是阈值的选择, 如阈值太小, 去噪后仍留有噪声, 但如果阈值太大, 重要的信号与图像特征会被滤掉, 从而引起偏差.

2. 阈值的选取

从直观上说, 对于得到的小波系数, 噪声越大, 阈值也应当越大. 大多数阈值选择的过程是, 针对一组小波系数, 根据这组小波系数的统计性质, 计算出它的一个阈值 δ.

Donoho 等提出了一种典型的阈值选取方法, 在理论上给出并证明了阈值与噪声的方差 σ 成正比, 其大小为

$$\delta = \sigma\sqrt{2\log n}$$

这里, n 为小波分解的层数.

事实上, 对于有限长的信号, 上式仅是阈值优化的上界. 阈值优化是随信号长度渐进变化的, 当信号为无限长时, 才符合上式, 因此, 当信号足够长时, 去噪效果才明显.

3. 小波阈值去噪步骤

基于小波变换的阈值去噪方法步骤简述:

(i) 选择合适的小波, 对所给的信号进行小波分解变换, 得到小波变换系数 W.

(ii) 计算小波阈值 δ, 选择合适的阈值方法, 如软阈值或者硬阈值, 对小波系数进行取舍, 得到新的小波系数 Wb;

(iii) 对得到的小波系数 Wb 进行逆小波变换, 即重构系数, 得到去噪后的图像.

去噪中, 假定已估计出了噪声的方差, 则问题已经可以解决. 在实用中, 如何确定噪声的类型、方差是一个非常重要的问题.

6.2.2 阈值去噪仿真

在仿真中, 用原始图像和加噪后图像, 所加的噪声是方差 σ=0.1 的 Gauss 白噪声, 如图 6.2 所示.

用上述给出的去噪方法, 对加噪后的图像进行软、硬阈值去噪, 结果如图 6.3 所示.

(a) 原始图像

(b) 加噪后图像

图 6.2　原图和加噪后图像

(a) 软阈值降噪(哈尔算子)

(b) 硬阈值降噪(哈尔算子)

(c) 软阈值降噪(db4算子)

(d) 硬阈值降噪(db4算子)

图 6.3　用小波基 sym4 和 db4 的软、硬阈值去噪效果

由图 6.3 知, 经 sym4 和 db4 两种滤波器消噪后, 图像中含噪声的均方差都减小了, 信噪比都提高了, 且对于同一个滤波器, 软阈值比硬阈值降噪效果好, 即降噪后的图像更清晰、光滑. 利用 sym4 的效果比利用 db4 效果好.

然后, 对含噪图像进行不同层的分解去噪, 不同层的去噪效果比较如表 6.1 和图 6.4 所示.

表 6.1 不同分解层的图像去噪比较

去噪层数	噪声与去噪	均方差	信噪比
	图像加噪	0.1	20.0205
n=2	软阈值去噪	0.0508	26.0069
	硬阈值去噪	0.0714	22.9239
n=3	软阈值去噪	0.0588	24.6059
	硬阈值去噪	0.0711	22.9654
n=4	软阈值去噪	0.0482	26.3345
	硬阈值去噪	0.0586	24.6401
n=6	软阈值去噪	0.0457	26.8088
	硬阈值去噪	0.0485	26.2789

(a) 软阈值降噪(n=3)

(b) 硬阈值降噪(n=3)

(c) 软阈值降噪(n=6)

(d) 硬阈值降噪(n=6)

图 6.4 在不同分解水平时的图像去噪 (n=3, n=6)

由表 6.1 和图 6.4 知, 在不同的分解层中, 图像中的噪声均方差都减小了, 信噪比也都提高了. 但对噪声污染不严重的图像, 如图 6.4 所示, 分解层数越大, 去噪效果不如分解层数低的好. 然而, 在 n=2 时, 比在 n=3 时的软阈值去噪的均方差小、信噪比高. 由这些仿真结果说明, 当分解层数达到一定时, 去噪效果最好, 分解层数太小或太大, 效果都不好.

6.2.3　权值调整模糊处理

不管是软阈值还是硬阈值对图像降噪，如果各个方向设定共用的一个门限值，则称全阈值降噪；如果不同方向用不同的门限值，则称为独立阈值降噪.

利用权值函数 $\omega=[1, 0.91, 1; 0.82, -7.2, 1; 0.85, 0.91, 1.1]$ 对图像 I 进行，调整如下：

$$G=\omega\otimes I$$

然后，用小波 sym4 的 3 层系数分解对图像进行平滑，再用阈值锐化对图像进行去模糊处理，经这种信号处理方法对图像的处理，改善了模糊图像的质量，提高了清晰度.

与现有图像处理方法相比较，上述提出的模糊处理方法比现有其他处理方法对图像的处理速度快且效果好，如图 6.5 所示.

(a) 原始图像　(b) 含噪声图像　(c) 全局阈值降噪

(d) 独立阈值降噪　(e) 高斯降噪　(f) 提出的权值降噪

图 6.5　提出的模糊图像处理方法与现有图像处理方法的比较

6.3　目标识别

6.3.1　目标特征提取

根据目标本身的特性和专家经验，首先提取目标的一些特征参数，如飞机的机翼、机身、水平尾翼、垂直尾翼、起落架、涡轮螺旋桨发动机等特征. 然后再对这些特征在 ROI 中分别选取一个兴趣点或特征点，称为核心点. 对 ROI 中的各点与核心点的灰度值进行比较，若 ROI 内的像素灰度与 ROI 核心的像素灰度差值小于给定的门限, 则认为该点与核心点是同值的或相似的, 由满足这样条件的像素组成的区域称为特征区.

特征区的大小或特征参数的数目将由定义的计算公式 $n(r_0)$ 来计算, 同时给出产生边缘响应图像的计算公式, 由此公式检测出初始边缘特征响应, 得到初始边缘响应后用特征重心及对称最长轴来确定局部边缘方向, 在局部边缘垂直方向上取初始响应的局部极大值点的位置为边缘点, 并进行细化、平滑, 连接间断边缘点、消除假边缘点和边缘小分枝等处理, 获得单一、连续、平滑的边缘输出. 同时, 由不同的目标响应结果, 得出边缘、角点、拐点等特征, 由定义的方向及各像素的位置, 进而得出这些特征本身的特征参数, 如均值、方差、位置以及到目标中心的距离等.

利用小波变换法, 进行目标的特征提取. 选取函数 $\psi(t)$ 构造 $\psi_{j,k}(t)=2^{j/2}\psi(2^j t-k)$, 与图像 $p(x,y)$ 作内积, 即可对图像进行平滑、去噪、加强、压缩等处理. 这里, $t=(x,y)$, $j=(j_1,j_2)$, $k=(k_1,k_2)$.

对图像 $p(x,y)$ 进行处理, 实施算法为 $W_{j,k}=\langle\psi_{j,k}(t),p(x,y)\rangle$, 就是对图像 $p(x,y)$ 的能量特征进行分解、提取. 由小波的分解计算知, 第 i 级图像能量特征是由第 i 级小波分解系数计算出来的, 反映图像在尺度 2^{-i} 上不同方向和不同位置的能量特征. 图像经过 n 级二维离散小波变换后, 在各级分别得到水平方向 (H_i)、垂直方向 (V_i) 和对角线方向 (D_i) 上的细节图像, 如图 6.6 所示. 这里, $i=1,2,\cdots,n$.

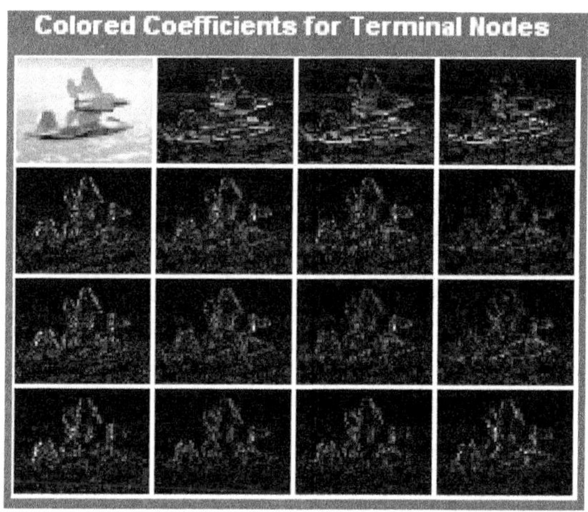

图 6.6 由小波 sym4 对图像的 2 层图像分解

设第 i 级小波变换在各方向上细节图像大小为 $M\times N$, 在对应方向上的第 i 级小波能量定义如下:

$$E_{i,h}=\sum_{j=1}^{M}\sum_{k=1}^{N}[H_i(j,k)]^2 \tag{6.1}$$

$$E_{i,v}=\sum_{j=1}^{M}\sum_{k=1}^{N}[V_i(j,k)]^2 \tag{6.2}$$

$$E_{i,d}=\sum_{j=1}^{M}\sum_{k=1}^{N}[D_i(j,k)]^2 \tag{6.3}$$

式中, $E_{i,h}$、$E_{i,v}$、$E_{i,d}$ 反映了目标图像的特征在各个方向上的边缘强度信息. 式 (6.1)~ 式 (6.3) 反映了在第 i 级小波分解下, 这些基本特征在各个方向上的强度信息. 由于非振荡信号的小波系数会随着小波分解级数的增加而增加, 而振荡信号在较高小波分解级的系数却远小于与其振荡频率相对应的非振荡信号的小波分解级的系数, 因此, 经过 n 级小波变换后, 由各级能量组成的目标特征向量为

$$V'=(E_{1,h},E_{1,v},E_{1,d},E_{2,h},E_{2,v},E_{2,d},\cdots,E_{n,h},E_{n,v},E_{n,d}) \tag{6.4}$$

然后对 V' 可进行归一化处理:

$$\begin{aligned}V=&\frac{1}{\displaystyle\sum_{i=1}^{n}(E_{i,h}+E_{i,v}+E_{i,d})}V'\\=&(V_{1,h},V_{1,v},V_{1,d},V_{2,h}V_{2,v}V_{2,d},\cdots,V_{n,h}V_{n,v}V_{n,d})\end{aligned} \tag{6.5}$$

若设第 i 级目标能量特征 V_i 为 $V_i=(V_{i,h},V_{i,v},V_{i,d})$, 那么可得目标的综合特征为

$$V=(V_1,V_2,\cdots,V_n) \tag{6.6}$$

由式 (6.6) 可以看出, 目标的能量特征 V 是由各级目标能量特征组合而成的, 因此反映了目标图像不同方向、不同位置、不同分辨率的细节目标特征. 通过小波对图像不同水平的分解, 得到图像目标的各级能量特征.

6.3.2 分级的自动识别方法

在识别时, 先提取出训练样本目标的各级特征向量后, 将其作为标准模板存储在系统中, 把待识别的目标图像特征向量与存储在检索系统中的已经训练好的已知类别的目标图像特征向量作比较, 根据匹配规则和识别原则, 得出识别结果.

在识别过程中, 需要对数据库中所有样本进行搜索, 找到与待识别目标图像相同或相似的样本, 进而完成目标的鉴别. 为了提高目标识别的准确性和高效性, 采用分级识别法进行搜索. 首先, 由目标各特征对数据库进行第一次搜索, 得到各特征相似的目标图像组成候选集; 然后, 在候选集中, 由各特征参数的特征点进行第二次搜索, 得到最终识别向量. 识别中使用各特征参数进行第一次搜索是因为其计算量相对较小, 提高了识别的准确性; 在对候选集进行第二次搜索时, 由于候选集

的样本比数据库中的样本数量少, 同样提高了整体识别的效率. 图 6.7 给出了分级的自动识别过程流程图. 同时, 本项目把提出的分级识别法与现有的目标识别法作比较, 将讨论在仿真 500 次时不同识别法的正确识别率和抗噪能力.

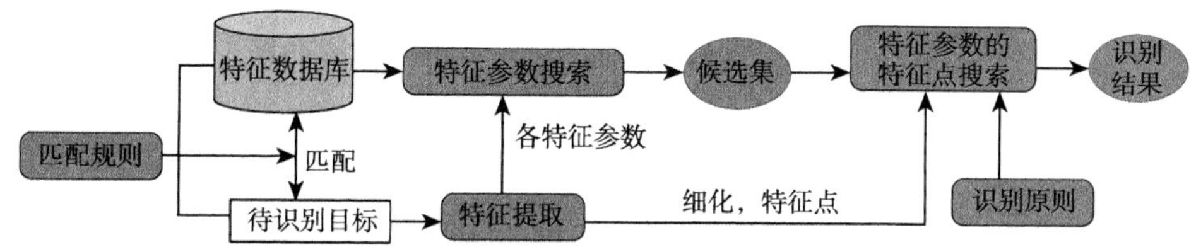

图 6.7　分级的自动识别过程流程图

特征的匹配就是对两个特征向量进行相似性判断, 通过计算两个特征向量的相似程度来判断是否来自同一个目标. 相似程度用特征之间的距离相似度来表示.

把待识别的目标图像特征向量与存储在检索系统中的已经训练好的已知类别的目标图像特征向量作比较, 当且仅当它的特征向量与第 i_0 类特征向量之间的相似度为最大时, 按最大隶属原则判断识别目标属于第 i_0 类. 下面给出匹配算法:

若 W_l 是检索系统中已知的特征向量, V 为待识别的特征向量, 这里 $l=1,2,\cdots,Q$, Q 为已知的特征向量数. 定义两个目标的特征向量 V 和 W_l 之间的相似度为

$$d_l = \mathrm{e}^{-\|V-W_l\|} = \mathrm{e}^{-\sum\limits_{i=1}^{n}|V_i-W_{li}|} \tag{6.7}$$

其中, $|V_i-W_{li}| = \left[(E_{i,h}^{V}-E_{i,h}^{W_l})^2+(E_{i,v}^{V}-E_{i,v}^{W_l})^2+(E_{i,d}^{V}-E_{i,d}^{W_l})^2\right]^{1/2}$, i 为小波对图像分解的层数.

相似度 d_l 表示特征向量 V 与第 l 类特征向量 W_l 的相似程度. 识别原则如下:

若 $\exists l_0 \in \{1,2,\cdots,Q\}$, 使得

$$l_0 = \arg\max_{l\in\{1,2,\cdots,Q\}}\{d_l\} \tag{6.8}$$

则按最大隶属原则判断待识别目标属于第 l_0 类.

6.4　实验及结果分析

1. 建立标准模板数据库

实验所用目标图像数据库及测试样本库的建立步骤如下:

① 从 Database 中随机选取 100 个不同目标, 从每个目标的 10 幅目标图像中随机选取 3 幅, 共 300 幅目标图像.

② 从每个目标的 3 幅目标图像中随机选取 1 幅, 共 100 幅, 组成实验目标图像数据库; 其余 200 幅目标图像组成测试样本库.

③ 对建立好的目标图像数据库中 100 幅目标图像用 sym4 小波进行 3 层模糊信号处理及特征提取, 得到 100 个小波对图像分解的系数特征集 P 和能量特征向量集 Q, 每个特征集包含 100 个特征向量. 把提取的特征向量存入目标档案库中, 作为训练样本.

2. 匹配

目标匹配识别的基本步骤如下:

P1. 对测试样本库中的目标图像用 sym4 小波进行 3 层模糊信号处理及 2 层分解特征提取, 得到 2 层小波分解系数特征 V 和能量特征 E. 然后将得到的特征向量与图像数据库中的样本进行匹配.

P2. 将待识别的图像能量特征与图像数据库中所有的特征向量 E_i 进行匹配, 按照识别原则进行 300 次随机挑选及匹配识别, 将匹配最相似的能量所对应的向量特征判断为识别结果.

P3. 将测试样本数据库中的每一幅图像按照步骤 P1 $\sim$ P2 进行 300 次识别, 记录正确识别和错误识别的次数, 经过计算得出正确识别率.

3. 结果分析

对每幅目标图像, 仿真中选用 sym4 小波基函数按照步骤 P1~P3 进行 12 次重复实验, 每次实验分别取不同个数的样本, 与目前运用较多的 Gabor [167] 和 Fourier 变换[168] 目标识别法进行比较, 在仿真 300 次时的正确平均识别率分别为 96.82%, 89.93%, 88.17%. 仿真结果如图 6.8 所示.

从图 6.8 知, 基于相似度识别法的平均正确识别率最高. 实验中, 随着样本及实验次数的增多, 平均正确识别率不断增大, 达到一定的样本量及实验次数时再增大样本, 曲线逐渐趋于平稳.

本章方法与目前运用较多的目标识别方法[167,168] 从计算速度、正确识别率两个方面进行比较, 比较结果如表 6.2 所示. 可以看出, 本章提出的相似度识别方法达到了较好的正确识别率.

表 6.2 中的计算速度是算法在仿真环境下每步都计算 12 次重复实验所用的平均计算时间, 是算法本身的计算时间. 仿真使用的计算机是奔 4, 2G 的内存, 所用的程序设计语言是 MATLAB. 表中平均正确识别率是各算法在给定的仿真实验环境下, 经过 300 次仿真实验取平均后, 再取 12 个时间步的平均值. 实际上, 它们是正确识别率在空间和时间上的平均, 因而是正确识别率的总体平均.

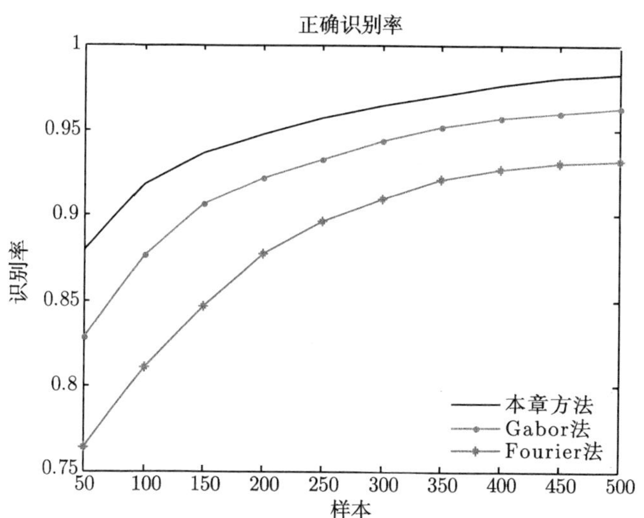

图 6.8 本章提出的与现有的识别法的正确识别率比较

表 6.2 不同目标识别法的比较结果

识别方法	Fourier 变换法	Gabor 法	本章方法
平均正确识别率	0.8817	0.8993	0.9682
计算速度	0.82s	0.171s	0.167s

由仿真结果知, 基于相似度的识别法不但具有较快的处理速度, 而且还有较好的识别效果.

6.5 小 结

本章利用权值调整和阈值的方法对模糊图像进行信号的处理, 仿真结果表明, 处理的效果比较理想. 此外, 首次将小波分析运用在目标特征提取的过程中, 提出基于小波分析的目标识别方法. 在匹配识别过程中, 运用了模糊隶属度识别法, 提高了识别的速度和准确性. 因此, 该方法为目标识别研究提供了新的思路.

另外, 在文献 [158], [159], [169] 中给出了一些量子物理应用图像分析和特殊的目标识别, 但有一些量子物理现象还要用到视频图像和图像的理解, 这是将来一个需要解决的问题.

怎样选择和构建一个适当的小波基函数? 图像需分解几层对目标识别的效果最好呢? 这也是下一步需要研究的问题.

第 7 章　基于稀疏 INMF 的目标跟踪算法

7.1 引　言

目标跟踪可以认为是在视频序列中搜索与目标外观模型最近似的候选样本的过程, 而外观模型的设计形式和学习能力是严重影响目标跟踪精确度的重要因素之一. 许多研究者为此展开深入的研究, 其中如何通过在线子空间学习以获得有效的目标表示形式受到了广泛的关注. Ross 等[170] 提出了一种基于增量 PCA 子空间外观模型的目标跟踪算法, 它同时对基向量和样本均值进行更新以适应目标自身和环境的变化. Wang 等[171] 为了避免传统子空间建模过程中需要将图像拉成向量形式容易引起信息丢失的问题, 提出了基于 2DPCA 子空间建模的视频跟踪算法. 然而, 这两种线性外观建模方式难以表示目标在跟踪过程中遇到的外观非线性变化. Zhang 等[172] 提出了基于流型学习的子空间模型, 它在二维空间下利用局部映射保持策略对图像矩阵进行非线性外观建模, 获得了较好的跟踪效果.

对于上述这些方法, 在目标表示过程中往往允许负的混合成分存在, 而它对于目标跟踪而言没有任何物理意义. 与此对比, 非负矩阵分解通过对图像降维的过程施加非负约束, 为图像提供一种基于局部特征加性组合构成整体特征的描述方式, 使分解结果能够更好地保留高维图像的局部信息. 尽管研究者采用了乘法更新[173] 或图正则化约束[174] 等算法对标准的 NMF 方法进行改进, 但它们仍然因不能处理大规模数据集而无法应用到在线视频处理领域. 因此, Guan 等[175] 提出随机逼近框架下的在线 NMF 方法, Zhou 等[176] 提出列约束条件下的在线增量 NMF 算法, 它们从运行效率角度进行研究使 NMF 算法的在线应用成为可能. Qian 等[177] 将 INMF 方法成功应用到视频跟踪问题中, 获得了很好的跟踪效果. 然而, 这些方法和其他的子空间跟踪方法一样对目标的部分遮挡十分敏感, 这就给目标持续性跟踪带来挑战.

研究者受到稀疏表示在视频跟踪中成功应用的启发, 开始尝试将稀疏约束引入子空间建模过程中, 以解决部分遮挡的跟踪问题. Wang 等将稀疏约束引入 PCA[178] 重构过程中, 通过提高模型对噪声的容忍度使算法适应部分遮挡的跟踪环境. Wu 等[179] 在考虑局部映射保持的条件下将稀疏和平滑约束融入非负矩阵分解过程中, 再通过优化求解策略获得好的外观模型, 以提高跟踪精确度. 这些方法进一步说明引入稀疏约束能使基于在线子空间跟踪算法提高对跟踪过程中出现的遮挡、模糊和光线变化等问题的适应能力.

本章提出一种约束稀疏增量非负矩阵分解的跟踪算法, 它充分利用了 INMF 和 l_1 范数约束的优点. 在这种跟踪框架下, 首先将一个 l_1 正则项约束引入 NMF 重构过程中, 它能够使目标外观模型容忍不同程度的噪声干扰. 同时, 另外一个 l_1 正则项用于约束在 NMF 迭代求解过程中产生的稀疏矩阵, 这种策略会获得更有效的跟踪结果. 其次, 为了获得最佳的 NMF 基向量和映射系数矩阵, 提出一种新的迭代算法去求解最优化问题, 通过优化过程使外观模型更加鲁棒. 最后, 将部分遮挡因素考虑到目标观测样本和外观模型的相似度量函数设计中, 通过 INMF 学习更新外观模型以实现目标持续性跟踪.

本章内容安排如下：7.2 节介绍了非负矩阵分解的相关理论, 重点介绍了非负矩阵分解的理论发展过程, 非负矩阵分解的目标函数设计及非负矩阵分解的最优化迭代求解方法; 7.3 节介绍了增量 NMF 分解目标函数设计和增量式非负矩阵分解的优化迭代求解过程; 7.4 节介绍了基于约束 INMF 的目标跟踪算法, 重点介绍稀疏子空间外观建模方法、迭代求解优化问题过程和粒子滤波框架下的跟踪算法设计; 7.5 节给出了试验结果的对比与分析, 重点介绍了试验结果的定性和定量分析, 以及算法的适用性问题; 7.6 节对本章进行了总结.

7.2 非负矩阵分解相关理论

7.2.1 非负矩阵理论的发展

非负矩阵分解的核心思想起源于 1994 年 P.Paatero 和 U.Tapper 发表的文章, 它提出了一种正矩阵分解 (Positive Matrix Factorization) 的方法. 该方法将数据进行分解, 并建立了如下形式的优化模型：

$$F = \|Q(Y - WH)\|_F^2, \quad \text{s.t.} \quad W \geqslant 0, H \geqslant 0 \tag{7.1}$$

其中, 矩阵 Y 的每列代表着真实的观测数据, 矩阵 W 每列表示因子, 矩阵 H 每列代表对因子的影响因素, 矩阵 Q 表示每个元素的权重.

针对式 (7.1) 的优化求解问题, P.Paatero 和 U.Tapper 又提出了一种交替最小二乘 (Alternation Least Squares, ALS) 方法. 该方法通过先固定 W 对 H 进行优化, 再进行相反的优化顺序, 通过交替优化的迭代运算, 直到收敛至最优的结果, 但该方法难以获得全局的最优解. 为了改进优化算法, 他们又提出一种比较通用的算法 Multilinear Engine, 从而能够获得满足非负条件的分解因子, 算法通过改进变梯度法进行求解.

尽管非负因子分解取得了很多研究成果, 但还存在着一些问题：① 该算法基于先验知识提出, 没有经过理论推导和证明, 也没有从理论上说明其收敛性等; ② 该算法只能局限在特定的领域, 无法推广. 于是, 1997 年 D. D. Lee 发表了一篇关于无监督学习的文章, 首次提出了非负矩阵分解的概念. 该方法从编码问题的角度进行研究, 假定矩阵 W 中的每列元素组成一个固定的特征向量, x 是需要输入向量, 需要对它进行编码从而减少通信负担, 目标是获得最小的重构误差, 即

$$F = \|y - Wh\|_2^2, \quad \text{s.t.} \quad h \geqslant 0 \tag{7.2}$$

其中, 通过对 h 进行约束, 就可以获得不同的学习规则. 如 PCA(主成分分析) 是无 h 约束的最小化问题, 而 VQ(矢量量化) 是约束 h 为单位向量的最小化. 于是他们将式 (7.2) 中的向量转化成矩阵 Y 和 H 进行考虑, 并假设 Y 是观测数据, W 的列数远远小于 H, W 和 H 是非负的. 为了求解这种优化问题, 交替投影梯度算法被提出, 并在算法中引入罚函数来保持 W 的列元素和为 1, H 的每行元素和也为 1. 该算法可以获得全局最优解, 但也没有给出证明算法. 于是, 1999 年 D.D.Lee 和 H.S.Seung 在 *Nature* 上发表文章提出了简化的非负矩阵分解算法 [180], 在对目标函数进行非负约束条件下进行最小化求解, 通过证明了的迭代算法进行求解, 获得了很好的效果, NMF 被正式提出.

7.2.2 非负矩阵分解的目标函数

7.2.1 节给出了 NMF 的发展及其理论, 而后相继出现很多扩展的 NMF 方法, 本节主要介绍基本 NMF 的相关理论与求解策略. 非负矩阵分解的问题描述如下: 给定一个数据矩阵 $Y = [y_1, y_2, \cdots, y_n] \in \mathbb{R}^{m\times n}$, 每一列代表一个 m 维向量, 它是从样本的矩阵数据转化而来的, n 代表样本的个数. NMF 分解的目标就是求解两个非负矩阵, 即 $W = [w_1, w_2, \cdots, w_d] \in \mathbb{R}^{m\times d}$ 和 $H = [h_1, h_2, \cdots, h_n] \in \mathbb{R}^{d\times n}$($d$ 是低维子空间下数据的维度), 以至于

$$Y \approx WH \quad \text{s.t.} \quad W \geqslant 0, H \geqslant 0 \tag{7.3}$$

其中, W 称为基矩阵, H 称为稀疏矩阵. 因为要求 $d \ll \min(m, n)$, 从而实现了对图像数据的降维. 式 (7.3) 中, 因为非负约束的条件, 矩阵 Y 中的列向量可以看作是基矩阵 W 中所有列向量 (也可以称为基向量) 的加权和, 而权重系数为 H 矩阵中对应的列向量元素. 从子空间的角度分析, NMF 就是将高维数据投影到基向量张成的子空间下, 每个样本在子空间下都有一个线性表示形式.

为了获得一个逼近的分解 $Y \approx WH$, 需要首先定义一个目标函数来描述重构图像矩阵 (图 7.1) 和原始图像矩阵之间的逼近程度, 因此矩阵的分解问题被转化成一个优化问题, 然后在非负约束条件下采用迭代方法求解. D.D.Lee 和 H.S.Seung 定义了两种目标函数:

(1) 矩阵 Y 和 WH 间的 Frobenius 范数:

$$L(W, H) = \|Y - WH\|_F^2, \quad \text{s.t.} \quad W \geqslant 0, H \geqslant 0 \tag{7.4}$$

(2) 矩阵 Y 和 WH 间的 Kullback-Leibler 散度：

$$D(Y||WH) = \sum_{i,j} Y_{i,j} \log \frac{Y_{ij}}{(WH)_{ij}} - Y_{ij} + (WH)_{ij}, \quad \text{s.t.} \quad W \geqslant 0, H \geqslant 0 \tag{7.5}$$

虽然, 式 (7.4) 和式 (7.5) 两个目标函数对于单独的 W 或 H 都是凸函数, 但如果同时以这两个参数为自变量则目标函数就是非凸的.

原始图像

重构图像(秩为3)

重构图像(秩为5)

图 7.1 NMF 重构图像示意图

7.2.3 非负矩阵分解的优化求解方法

一般情况下, 对于非凸目标函数往往不容易求解其全局最优解, 这里采用迭代算法去求解优化问题. 下边介绍两种求解这种优化问题的方法:

(1) 采用基于欧氏距离的目标函数, 把 NMF 转化为最优化问题, 采用乘性迭代法求解此优化问题, 即由

$$\frac{\partial L}{\partial W} = -2(VH^{\mathrm{T}} - WHH^{\mathrm{T}}) \tag{7.6}$$

$$\frac{\partial L}{\partial H} = -2(W^{\mathrm{T}}V - W^{\mathrm{T}}WHH) \tag{7.7}$$

得到如下更新规则:

$$H_{a\mu} \leftarrow H_{a\mu} \frac{(W^{\mathrm{T}}Y)_{a\mu}}{(W^{\mathrm{T}}WH)_{a\mu}} \tag{7.8}$$

$$W_{ia} \leftarrow H_{ia} \frac{(YH^{\mathrm{T}})_{ia}}{(YHH^{\mathrm{T}})_{ia}} \tag{7.9}$$

其中欧氏距离函数值不再变化的充分必要条件是 W 和 H 是其稳定点.

(2) 采用 K-L 散度函数作为目标函数, 把 NMF 转化为最优化问题, 给出的迭代求解方法如下:

$$H_{a\mu} \leftarrow H_{a\mu} \frac{\sum\limits_{i} W_{ia} Y_{i\mu}/(WH)_{i\mu}}{\sum\limits_{k} W_{ka}} \tag{7.10}$$

$$W_{ia} \leftarrow W_{ia} \frac{\sum_{\mu} H_{a\mu} Y_{i\mu} (WH)_{i\mu}}{\sum_{v} H_{av}} \tag{7.11}$$

其中散度函数值不再变化的充分必要条件是 W 和 H 是其稳定点. 从优化的角度看, 非负矩阵分解是一个非负约束条件下的最优化求解问题. 本章主要采用了基于欧氏距离的目标函数求解优化问题. 以 NMF 为基础, 很多改进的目标函数被提出. 本章提出的算法是基于增量 NMF 学习更新外观模型, 故 7.3 节主要介绍 INMF 算法的相关理论.

7.3　增量式非负矩阵分解理论

一般在线视频处理过程中, 依据一些样本向量, NMF 分解被进行, 那么它应该以较小的计算代价在其余的视频序列中得到恰当的更新. 然而, 标准 NMF 分解在这方面会面临一些问题: ① 计算代价大大提高. 因为数据矩阵 Y 的每一列对应不同的观测样本, 当新的样本到达时 Y 的维数会增加, 这就意味着标准 NMF 分解的计算代价随着数据的维数呈线性增加趋势. 另外, 增加的维数也会使数据矩阵的秩大大提高, 这样会使得目标表示的计算负担也增加. ② 存储要求大大提高. 因为依据式 (7.8) 和式 (7.9) 可以看出, 迭代求解矩阵 Y, W 和 H 时算法需要存储先前的所有训练样本, 随着视频序列数据的增加, 累计的存储负担使得在线 NMF 变得难以实现. ③ 无法体现单个样本对分解的影响. 因为标准 NMF 方法中相关样本对分解过程的影响是相同的, 然而实际应用中往往需要存储量较小, 且能够单独反映新来样本对分解的影响. 一般情况下, 视频当前帧的数据处理与前期的样本关系会减弱, 而与附近帧的图像数据关系较大, 故新来的单个样本更能影响分解过程.

7.3.1　增量非负矩阵的目标函数

INMF 的目标是通过增加的新样本来更新因子矩阵 W 和 H, 而不是依赖以前所有的目标样本. 新样本作为向量被添加到 Y 和 H, 而基向量矩阵 W 每来一个新样本都会被更新, 这种更新方式更适合在线视频数据的处理. 下面介绍矩阵分解的在线更新机制, 以及目标函数和更新规则的增量形式[181].

设定 W_k 和 H_k 是初始化前 k 个观测样本获得的最优化分解因子, L_k 是关于前 k 个样本的目标函数, 被表示如下:

$$L_k = \|Y - W_k H_k\|^2 = \frac{1}{2} \sum_{i,j} (Y_{i,j} - (W_k H_k)_{i,j})^2 \tag{7.12}$$

当第 $k+1$ 个新观测样本 Y_{k+1} 来临时, 目标的重构误差被表示如下:

$$L_{k+1} = \|Y - W_{k+1}H_{k+1}\|^2 = \frac{1}{2}\sum_{i,j}(Y_{i,j} - (W_{k+1}H_{k+1})_{i,j})^2 \tag{7.13}$$

标准的 NMF 更新规则依据式 (7.5) 和式 (7.6). 然而, 在 INMF 算法框架下一般认为一个新的样本对先前样本产生的基向量影响并不大. 假定矩阵 H_{k+1} 的前 k 列向量逼近 H_k, 这就等同于说仅仅需要 H_{k+1} 的最后一列去更新矩阵 W. 因此, 当观测样本有 $k+1$ 个时, 则前 k 个样本的重构误差可以表示如下:

$$L_k = \frac{1}{2}\sum_{i,j}(Y_{i,j} - (W_{k+1}H_{k+1})_{i,j})^2 \cong \frac{1}{2}\sum_{i,j}(Y_{i,j} - (W_{k+1}H_k)_{i,j})^2 \tag{7.14}$$

因此, 所有样本的重构误差可以表示为 L_k 和 f_{k+1} 的加和, 这里 f_{k+1} 指的是第 $k+1$ 个样本形成的残差:

$$\begin{aligned} L_{k+1} &= \frac{1}{2}\sum_{i=1}^{n}\sum_{j=1}^{k+1}(Y_{i,j} - (W_{k+1}H_{k+1})_{i,j})^2 \\ &\cong L_k + \frac{1}{2}\sum_{i=1}^{n}((Y_{k+1})_i - (W_{k+1}h_{k+1})_i)^2 \\ &\cong L_k + f_{k+1} \end{aligned} \tag{7.15}$$

其中, h_{k+1} 是最相关样本的编码矩阵. 从式 (7.15) 可以看出, 每个样本对目标函数的贡献是一样的. 然而, 在视频跟踪过程中, 我们希望模型能够适应新样本中出现的新变化, 也就是说当新图像样本到来时, 需要能够影响新图像中 NMF 的结果. 因此, 控制每个样本对分解过程的影响程度显得十分重要. 设定两个权值函数 $s_o(\alpha)$ 和 $s_f(\alpha)$, α 为一个常量, 它们分别代表先前样本的贡献程度和最近一个样本的贡献程度, 新的目标函数被表示如下:

$$L_{k+1} = s_o(\alpha)L_k + \frac{1}{2}s_f(\alpha)\sum_{i=1}^{n}((Y_{k+1})_i - (W_{k+1}h_{k+1})_i)^2 \tag{7.16}$$

先前样本的误差项被 $s_o(\alpha)$ 进行重复性的加权, 新样本的误差部分被 $s_f(\alpha)$ 进行加权, 则式 (7.16) 被改写成

$$L_{k+1} = \frac{1}{2}\sum_{j=1}^{k+1}s_j(\alpha)\sum_{i=1}^{n}(Y_{ij} - (W_{k+1}H_{k+1})_{ij})^2 \tag{7.17}$$

其中, $s_j(\alpha)$ 是第 j 个样本的权值,

$$\begin{cases} s_j(\alpha) = s_o^{k+1-2\times r}(\alpha), & j \leqslant 2\times r \\ s_j(\alpha) = s_o^{k+1-j}(\alpha)s_f(\alpha), & 2\times r \leqslant j \leqslant k+1 \end{cases}$$

这里, $r = 1, \cdots, d$, $s_o(\alpha)$ 代表先前图像样本参与更新基向量的个数, 换句话讲, 也就是它能够反映子空间学习规模.

7.3.2 增量非负矩阵的更新规则

增量非负矩阵分解的优化问题通过梯度下降最优方法求解, 当新的样本达到时, W 和 H 矩阵分别被更新, 则 h_{k+1} 按下式进行计算:

$$(h_{k+1})_a \leftarrow (h_{k+1})_a - \mu_a \frac{\partial L_{k+1}}{\partial (h_{k+1})_a} \tag{7.18}$$

则偏微分方程可以被计算如下:

$$\begin{aligned}\frac{\partial L_{k+1}}{\partial (h_{k+1})_a} &= \frac{\partial}{\partial (h_{k+1})_a}\left[\frac{1}{2}\sum_{j=1}^{k+1} s_j(\alpha)\sum_{i=1}^{n}(Y_{ij} - (W_{k+1}H_{k+1})_{ij})^2\right] \\ &= \frac{1}{2}\sum_{j=1}^{k+1} s_j(\alpha)\frac{\partial}{\partial (h_{k+1})_a} \times \left[\sum_{i=1}^{n}\left((Y_j)_i - \sum_{k=1}^{r}(W_{k+1})_{ik}(h_j)_k\right)^2\right] \\ &= s_{k+1}(\alpha)[-(W_{k+1}^{\mathrm{T}}Y_{k+1})_a + (W_{k+1}^{\mathrm{T}}W_{k+1}h_{k+1})_a]\end{aligned} \tag{7.19}$$

当 μ_a 被给定时, 则 h_{k+1} 被数值更新如下:

$$\mu_a = \frac{(h_{k+1})_a}{s_j(\alpha)(W_{k+1}^{\mathrm{T}}W_{k+1}h_{k+1})_a} \tag{7.20}$$

$$(h_{k+1})_a \leftarrow (h_{k+1})_a \frac{(W_{k+1}^{\mathrm{T}}Y_{k+1})_a}{(W_{k+1}^{\mathrm{T}}W_{k+1}h_{k+1})_a} \tag{7.21}$$

则对于 W_{k+1} 的第 ia 次更新可以被表示如下:

$$(W_{k+1})_{ia} \leftarrow (W_{k+1})_a - \lambda_{ia}\frac{\partial L_{k+1}}{\partial (W_{k+1})_{ia}} \tag{7.22}$$

同样, 对偏微分方程可以计算如下:

$$\begin{aligned}\frac{\partial L_{k+1}}{\partial (W_{k+1})_{ia}} &= \frac{\partial}{\partial (W_{k+1})_{ia}}\left[\frac{1}{2}\sum_{j=1}^{k+1} s_j(\alpha)\sum_{i=1}^{n}(Y_{ij} - (W_{k+1}H_{k+1})_{ij})^2\right] \\ &= \frac{1}{2}\sum_{j=1}^{k+1} s_j(\alpha)\frac{\partial}{\partial (W_{k+1})_{ia}} \times \left[\sum_{i=1}^{n}(Y_{ij} - (W_{k+1}H_{k+1})_{ij})^2\right] \\ &= \sum_{j=1}^{k+1} s_j(\alpha)\left[-Y_{ij}(H_{k+1})_{aj} + (H_{k+1})_{aj}(W_{k+1}H_{k+1})_{ij}\right]\end{aligned} \tag{7.23}$$

同理, 当 λ_{ia} 被给定时, 则 W_{k+1} 被数值更新如下:

$$\lambda_{ia} = \frac{(W_{k+1})_{ia}}{\sum_{j=1}^{k+1} s_j(\alpha)(W_{k+1}H_{k+1})_{ij}(H_{k+1}^{\mathrm{T}})_{ja}} \tag{7.24}$$

$$(W_{k+1})_{ia} \leftarrow (W_{k+1})_{ia} \frac{(Y_k H_k^{\mathrm{T}} + y_{k+1} h_{k+1}^{\mathrm{T}})_{ia}}{(W_{k+1} H_k H_k^{\mathrm{T}} + W_{k+1} h_{k+1} h_{k+1}^{\mathrm{T}})_{ia}} \tag{7.25}$$

INMF 算法大大提高了计算效率, 降低了存储负担, 能够实现在线数据处理. 在矩阵分解过程中关注新增加样本对分解结果的影响, 能够应用到视频跟踪中实时依据新的样本特征调整子空间分解形式, 从而更好地对目标外观变化进行线性表示.

7.4 基于约束 INMF 的目标跟踪算法

非负矩阵分解被成功应用到视频跟踪领域展现出两个明显的优势: ① 基于分块思想的分解过程, 能够充分表现目标的局部特性; ② 分解因子的非负约束有利于有效跟踪的实现. 然而, 对于非负矩阵分解过程中采用欧几里得距离测量作为目标函数可能会出现一些问题. 如果目标出现部分遮挡或运动模糊等干扰因素, 目标外观可能会发生大的变化, 依然采用目标函数最小方式来优化外观模型, 将使目标跟踪失败. 因此, 稀疏约束被引入基于 NMF 的子空间模型, 以提高外观模型对目标的表征能力.

7.4.1 稀疏非负子空间外观模型

为了使外观模型能够考虑噪声干扰因素, 我们引入 l_1- 泛数 到公式 (7.12), 其被重新定义如下:

$$L(H,E) = \|Y - WH - E\|_F^2 + \alpha \|E\|_1 \tag{7.26}$$

其中, $\|\cdot\|_1$ 代表 l_1 范数 (指矩阵所有元素绝对值的和). α 是一个正则化参数, l_1- 泛数鼓励误差矩阵 E 尽可能的稀疏. 这里 α 可以控制误差矩阵 E 的稀疏程度, 它影响着跟踪算法对部分遮挡问题的处理能力强弱. 然而, 和基于 PCA 的稀疏跟踪方法不同, 通过 NMF 分解获得基和系数矩阵是一个迭代求解优化问题的过程. 在这种情况下, 系数矩阵的稀疏性对视频跟踪算法而言是一个关键性的因素. 因此, 我们添加另外一个 l_1- 泛数 到方程 (7.24):

$$L(H,E) = \|Y - WH - E\|_F^2 + \alpha \|E\|_1 + \beta \|H\|_1 \tag{7.27}$$

其中, β 也是一个正则化参数, 它对稀疏项进行惩罚. α 和 β 能够调节第一个重构误差项和两个正则项之间的关系, 式 (7.27) 可以转化成如下的优化问题来解决:

$$\begin{aligned} &\left\{\hat{H}, \hat{E}\right\} = \arg\min_{H,E} \frac{1}{2} \|Y - WH - E\|_F^2 + \alpha \|E\|_1 + \beta \|H\|_1 \\ &\text{s.t. } W \geqslant 0;\ H \geqslant 0 \end{aligned} \tag{7.28}$$

很明显, 对于公式 (7.27) 这个优化问题没有一个封闭解, 本章给出了一个新的迭代方法求解最优的 $\hat{H}$ 和 $\hat{E}$, 7.4.2 小节会给出详细介绍. 稀疏理论和子空间建模方式的有机结合提供了一种新的外观模型, 这种目标表示形式如图 7.2 所示.

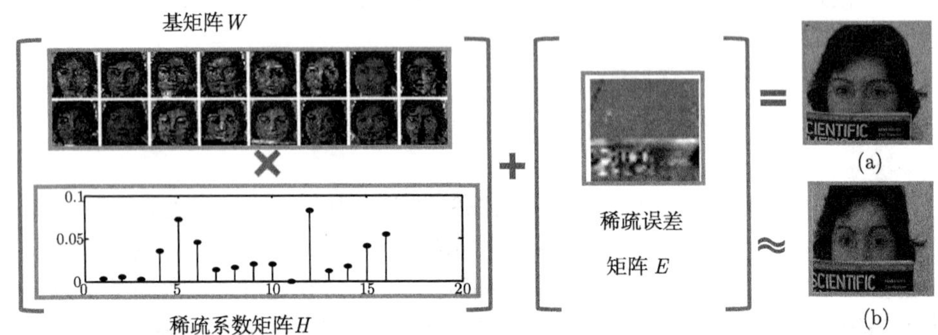

图 7.2 约束稀疏子空间外观模型: (a) 重构目标块; (b) 原始目标块

7.4.2 外观模型的优化求解策略

本节提出一种新的迭代算法, 求解基于稀疏 NMF 的目标表示模型, 即对目标函数求解最优化问题.

定理 7.1 给定最优的 $\hat{E}$, $\hat{H}$ 可以被获得, 通过 LASSO 方法求解[182].

证明: 如果 $\hat{E}$ 是固定的值, 方程 (7.27) 的问题等同于最小化 $J(H,E)=\|Y'-WH\|_F^2+\beta\|H\|_1$, 这是一个标准的 l_1 正则化问题. 我们可以利用 LASSO 方法去求解它, 从而获得最优值 $\hat{H}$, 这里 $Y'=Y-E$.

定理 7.2 给定最优的 $\hat{H}$, $\hat{E}$ 可以被获得, 通过软阈值 (Soft-thresholding) 方法获得 $\hat{E}_i = S_\beta(Y-W\hat{H})$, 其中 $S_\tau(x)=\max(|x|-\tau,0)\text{sgn}(x)$, $\text{sgn}(\cdot)$ 是符号函数.

证明: 如果 $\hat{H}$ 是固定的值, 方程 (7.27) 等同于最小化 $J(H,E)=\|(Y-WH)-E\|_F^2+\alpha\|E\|_1$. 这是一个凸优化问题, 可以通过软阈值方法获得封闭解, 获得 $\hat{E}=S_\beta(Y-W\hat{H})$.

依据定理 7.1 和定理 7.2, 我们可以设计算法对公式 (7.27) 中的目标函数进行迭代求解. 迭代过程需要对其中一个参数 H 或 E 进行固定, 同时对另外一个参数进行优化, 经过反复迭代直到满足收敛条件. 表 7.1 给出本章提出算法的基本流程, 当满足终止条件时, 算法输出计算结果. 迭代的终止准则为相邻两次迭代目标函数的变化小于阈值或满足设定的最大迭代次数.

表 7.1 计算 $\hat{H}$ 和 $\hat{E}$ 的迭算法流程

输入: 一个观测样本 y, NMF 的基向量矩阵 W 和一个小常量 α 和 β

1: 初始化 $E_0 = 0$ 和 $i = 0$

2: 迭代

3: $\hat{H}_{i+1} = \arg\min_{H} \frac{1}{2} \|(Y - E_i) - WH_i\|_F^2 + \beta \|H_i\|_1, \quad H_i \geqslant 0$

4: 采用 $\hat{E}_{i+1} = S_\beta(Y - WH_{i+1})$ 获得 $\hat{E}_{i+1}$

5: $i \leftarrow i + 1$

6: 直到收敛或终止

输出: $\hat{H}$ 和 $\hat{E}$

7.4.3 在线目标跟踪算法框架

视频跟踪可以被视为是一种贝叶斯推理任务, 本节我们将约束稀疏子空间外观模型嵌入贝叶斯滤波框架中, 设计一种基于稀疏 NMF 的在线目标持续性跟踪算法. 该方法基于稀疏 NMF 子空间理论构造外观模型, 采用仿射参数采样提供候选样本集合, 利用考虑干扰因素的观测模型实现候选样本和模型的匹配, 最后通过 INMF 学习更新外观模型. 跟踪算法设计包括以下内容:

1. 运动模型

为了提供候选目标集合, 本书采用了基本的运动模型, 即仿射参数采样模型来描述帧与帧间目标的状态变化. 仿射变化一般包含: 平移变化、尺度变化、翻转变化、旋转变化和错切变化等. 放射变化的基本表达形式如下:

$$\begin{pmatrix} x' \\ y' \end{pmatrix} = \begin{bmatrix} p_1 & p_2 & p_3 \\ p_4 & p_5 & p_6 \end{bmatrix} \begin{pmatrix} x \\ y \\ 1 \end{pmatrix} \tag{7.29}$$

其中, (x, y) 和 (x', y') 分别为仿射变化前后的点坐标位置, $(p_1, p_2, p_3, p_4, p_5, p_6)$ 为仿射变化参数. 利用数学理论奇异值分解, 公式 (7.29) 可以被表示为

$$\begin{pmatrix} x' \\ y' \end{pmatrix} = \begin{bmatrix} \cos\theta & \sin\theta \\ -\sin\theta & \cos\theta \end{bmatrix} \begin{bmatrix} s & \phi \\ 0 & \alpha s \end{bmatrix} \begin{pmatrix} x + u \\ y + v \end{pmatrix} \tag{7.30}$$

其中, u 和 v 代表水平和垂直方向的位移量, θ 代表目标旋转的角度, s 代表水平方向目标尺度的变化, α 代表目标宽度和高度的比值, ϕ 代表切边的系数. 利用公式 (7.29) 的参数来描述目标的状态, 给出目标在时刻 t 的状态为 $x_t = \{u_t, v_t, \theta_t, s_t, \alpha_t, \phi_t\}$. 同时, 假定目标状态在帧间的动态性符合独立的高斯分布, 则动态模型表示为

$$p(z_t|z_{t-1}) = N(z_t; z_{t-1}, G) \tag{7.31}$$

式 (7.31) 说明每个状态的变化都符合高斯分布, 这些参数也体现了目标在帧间变化的可能性, 对仿射参数以概率分布 $p(z_t|z_{t-1})$ 进行采样, 获得了粒子集合 (图 7.3), 也就是说提供了候选目标集合. 然后利用观测模型评估这些候选目标, 根据评估结果, 评估出最有可能的当前帧状态 z_t.

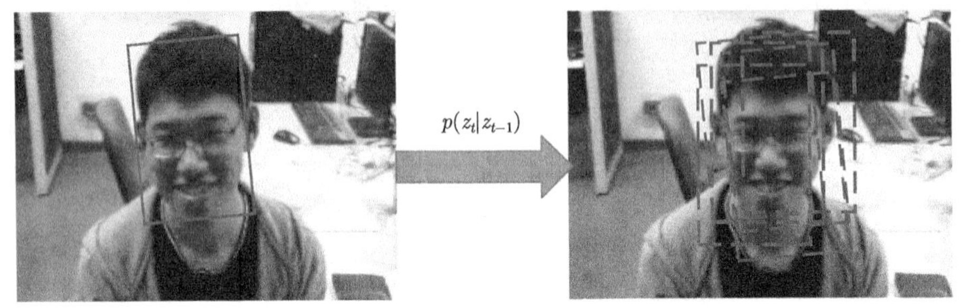

图 7.3　仿射参数采样示意图

很明显, 依据粒子滤波理论, 采样的粒子滤波数目越多, 越能逼近目标真实状态的后验概率分布. 为了兼顾算法的运行效率, 本节算法选取的粒子数目为 600. 这种运动模型一般潜在的条件就是假设目标具有一个小幅度的状态变化, 实际问题中, 如果出现目标运动位移较大, 可能会导致跟踪失败.

2. 观测模型

观测模型主要是用来计算目标状态的观测似然, 即 $p(y_t|x_t)$. 也就是给出观测样本和模板之间的逼近误差, 以此获得最优的目标候选状态. 当跟踪过程中没有噪声干扰时, 依据公式 (7.27) 可以获得误差最小的目标候选, 从而确定目标的跟踪结果. 然而, 当跟踪目标出现部分遮挡或运动模糊时, 这种决策方法会导致跟踪失败, 因为观测模型会将干扰后的目标作为错误的跟踪目标. 因此, 本章针对这种问题采用一种具有弹性的似然模型. 我们添加了误差项到 NMF 重构过程中并对它施加了稀疏约束, 使外观模型能够容忍一定程度的噪声干扰. 同时, 通过保持 NMF 分解过程中系数矩阵的稀疏性以增强外观模型描述目标变化的能力. 对于每一个观测样本 y_i 都可以利用表 7.1 的算法迭代求解如下的优化问题:

$$\min_{h_i,e_i} = \|y_i - Wh_i - e_i\|_F^2 + \alpha\|e_i\|_1 + \beta\|h_i\|_1 \tag{7.32}$$

这样, h_i 和 e_i 就可以被获得, 它们分别代表第 i 个观测样本的映射系数和稀疏噪声向量. 依据 Wang [178] 的工作, 考虑了干扰因素的影响, 我们采用如下的观测似然函数:

$$p(y_i|x_i) \propto \left[-\left(\exp\|w_i \odot (y_i - Wh_i)\|_2^2 + \lambda\sum(1 - w_i)\right)\right] \tag{7.33}$$

其中 $w_i = [w_i^1, w_i^2, \cdots, w_i^d]$ 是指示向量, 指定了 e_i 中的零元素和非零元素. $\odot$ 是 Hadamard 乘积 (指的是所有对应元素乘积), λ 是惩罚参数, 能够调节两项之间的比例. 公式 (7.33) 中第一项考虑了目标未遮挡部分的重构误差, 第二项是对子模板上系数矩阵稀疏性的惩罚, 依据 Wang 文章的分析, 这一项能够准确定位和选择好的目标候选, 这种约束很多情况下能够更好地将跟踪目标从跟踪场景中提取出来.

3. 模型更新

视频跟踪过程中, 由于目标自身外观和跟踪环境的不断变化, 如果不能及时更新模型, 很容易导致跟踪漂移现象, 严重的情况下会引起跟踪失败. 像引言部分介绍的那样, 如果我们采用标准的 NMF 算法进行更新模型, 那么计算代价会很大, 以至于目标跟踪的实时性难以保障. 因此, 本章采用 INMF 算法对基向量矩阵 W 和系数矩阵 H 进行更新以适应目标的新变化. 这里, 跟踪算法采用前 16 帧获得的跟踪结果进行初始化 W, 然后依据累计 5 个好的跟踪结果作为更新样本, 以实现外观模型学习.

很明显, 如何判断好的跟踪结果和在什么情况下采用什么方式进行更新, 成为一个重要的问题. 如果把不精确的跟踪结果作为训练样本来更新基向量和系数矩阵, 那么很容易降低跟踪精度. 本章采用遮挡检测机制预测目标跟踪结果是否出现部分遮挡问题, 采取不同的更新方式以提高更新性能. 依据对稀疏系数矩阵的分析, 我们认为误差矩阵 E 中的元素能够在一定程度上反映遮挡情况, 如果非零元素越多说明遮挡的情况比较严重. 依据这种关系, 计算误差矩阵中非零元素个数和元素总个数的比值 ρ 来体现噪声干扰程度. 当 $\rho \leqslant \text{thr1}$ 时, 即认为目标几乎没有噪声干扰, 则作为好的跟踪结果参与模型更新; 当 $\rho \geqslant \text{thr2}$ 时, 即认为目标被干扰严重, 则作为差的跟踪结果不参与更新; 当比值 ρ 介于两者之间时, 对噪声污染部分进行适当处理以参与模型更新.

7.5 试验结果分析与比较

本章提出的视频跟踪算法在 Matlab2010B 软件平台下仿真实现, 使用 PC 机的配置为: intel i3-2.7Hz core duo 双核 CPU, 内存为 4G. 为了展示提出算法在目标持续性跟踪的性能, 我们将提出的跟踪器和另外 7 种代表性跟踪器在 8 个挑战性视频上的运行结果进行对比. 用于比较的算法有: IVT[170] (the incremental subspace learning tracking), MILT[183] (the multiple instance learning tracking), L1T[91](the L1 norm minimum tracking), TLD[184] (the tracking-learning- detection), APGL1[185](the L1 tracking using accelerated proximal gradient), OSPT[178] (the online object tracking with sparse prototype) 和 VTD [87] (the visual tracking decomposition).

测试试验设置说明：测试所使用的视频序列可以从 http://visual_tracking.net 网页上下载. 对于目标外观描述, 每一个观测样本依据其仿射参数统一缩放为 32×32 像素, 相应的基矩阵大小为 1024×16, 模型参数分别设置为 $\alpha = 0.05$ 和 $\beta = 0.01$. 对于在粒子滤波框架下的跟踪算法 (如 IVT 和 VTD) 我们统一采用的粒子数目为 600, 通过前 16 帧跟踪结果初始化基向量, 当收集够 5 个好的跟踪结果时, 利用 INMF 对基向量和系数矩阵在稀疏约束下实现更新. 本节中, 首先利用 8 个代表性视频对我们提出的跟踪算法和其他算法进行定性分析和比较, 然后给出各个算法的综合评估结果.

7.5.1 实验结果定性分析

Caviar1, Caviar2 和 Caviar3: 图 7.4(a)~(c) 展示了一个人在行走过程中受到相似目标的严重遮挡和干扰, 同时自身的尺度也发生较大变化. IVT 和 MIL 对遮挡十分敏感, 从而导致跟踪失败, 因为前者的外观模型在依据重构误差选择候选样本时没有考虑噪声干扰, 而后者采用 Haar 特征提炼具有鉴别性的分类器时缺乏对遮挡的处理机制.

L1 算法设计了处理噪声干扰的机制, 能够在一定程度上处理部分遮挡 (如 Caviar2 图像序列中的#500 帧), 但是它和 APGL1 算法一样不能很好地处理低分辨率视频序列下的跟踪目标, 因为它们算法的特征选取过程很少考虑目标的结构性信息 (如图像序列 Caviar1 和 Caviar3). VTD 采用了多个跟踪器和观测模型, 同时通过两个运动模型扩大了目标候选状态的搜索范围. TLD 将检测器融入跟踪框架, 它们能够一定程度上适应部分遮挡问题 (如 Caviar1 序列中的#131 帧和 Caviar2 序列中的#234 帧). 此外, OSPT 算法将 l_1- 泛数 引入 PCA 子空间重构过程中, 它在 Caviar1 和 Caviar2 图像序列中获得了很好的跟踪效果. 然而, 在 Caviar3 图像序列中因为存在相似目标的多次部分遮挡, 甚至出现短暂的完全遮挡 (如第#86, #140 和#441 帧图像), 其他的目标跟踪算法均不能适应. 整体而言, 我们的跟踪器在这三个视频序列上取得了第一或第二的跟踪效果, 表现出对部分遮挡问题的适应能力.

Faceocc1: 图 7.4(d) 展示了一个人脸经历多次的严重遮挡, 然而因为跟踪目标没有运动和外观的变化, 除了 MIL 方法不能适应遮挡问题 (如第#374 , #562 和#881 帧) 其他跟踪算法都能顺利完成整个视频序列. 我们算法的跟踪结果稍弱于 OSPT 方法.

Suv: 图 7.5(a) 展示了一个汽车经历了 out-of-view, 部分遮挡和严重部分遮挡等挑战性跟踪问题. 除了我们的跟踪算法, 只有 TLD 能够完成整个视频, 然而

TLD 在中间出现过丢失跟踪目标的情况, 从第#553 到#566 帧 (参看视频序列中的第#554 帧), 因为采用的 2bp 随机厥特征很难捕捉严重的遮挡情况. 不过因为 TLD 具有丢失再跟踪的能力, 它能够完成整个视频的跟踪任务, 这一能力是目标持续性跟踪中的一个重点研究问题. 其他方法无法在整个视频上完成持续性跟踪 (如第#945 帧). 对比之下, 我们的跟踪算法能够适应一定的严重遮挡问题, 并在视频 Faceocc1 和 Suv 中获得最好的跟踪效果. 依据我们的判断, 我们跟踪器的这种能力受益于基于部分的子空间目标外观表示形式.

图 7.4 不同跟踪算法在挑战性图像序列上的定性评估 (后附彩图)

Car4: 图 7.5(b) 显示了一辆汽车经历了外观尺度变化和在经过桥洞时的光线剧烈变化问题. IVT, OSPT, L1 和我们的算法能够精确地跟踪目标 (如第#60, #235 和#641 帧). 尽管 APGL1 和 VTD 算法出现了轻微的轨迹偏移, 但它们能够跟踪完成整个视频. 相对而言, TLD 和 MIL 获得了稍微差点的跟踪结果, 因为它们算法中没有设计适应尺度变化的机制, 不幸的是 MIL 最终丢失了跟踪目标 (参看第#641 帧).

Davidindoor: 图 7.5(c) 显示一个人脸经历了逐渐的姿势变化和尺度变化, 同时出现过几次光线强烈变化. IVT, OSPT 和我们的算法取得了优于其他方法的跟踪效果, 因为它们分别采用了基于 PCA 和 NMF 子空间外观建模方式, 这种考虑了

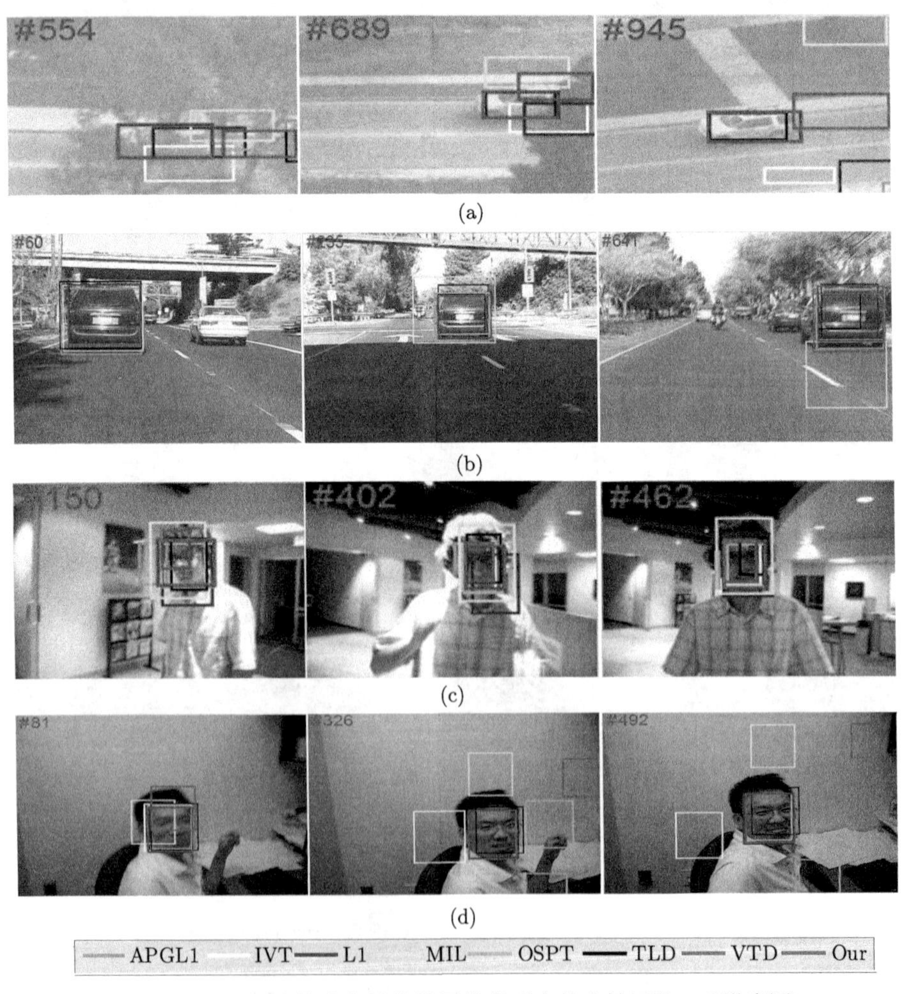

图 7.5 不同跟踪算法在挑战性图像序列上的定性评估 (后附彩图)

仿射变化的目标表示形式对逐渐变化的人脸具有一定的适应能力. 然而, MIL, TLD 和 VTD 方法对 in-plane 旋转不太适应, 因为提取的特征形式对选择敏感; APGL1 和 L1 方法对激烈的光线变化不太适应, 因为强烈变化会导致模板来不及有效更新 (参看第#150 和#402 帧).

Face: 图 7.5(d) 显示了一个人脸经历了严重的运动模糊和轻微的姿态变化. 另外, 一个挑战性问题就是在该视频序列中目标出现了频繁的突变运动问题. APGL1, MIL, IVT 和 VTD 方法在第#326 帧时均跟踪失败. OSPT 能够在跟踪失败后再次跟踪并完成整个视频, 这归功于采用的粒子滤波框架 (参看视频第#326 和#492 帧). TLD 在整个视频跟踪过程中出现了轻微的轨迹漂移问题. 相对比, L1 和我们的方法获得了更好的跟踪效果.

7.5.2 实验结果定量分析

为了显示提出算法的量化跟踪性能, 表 7.2 和表 7.3 分别列出了不同算法在 8 个图像序列上运动结果的平均中心误差和平均重叠率, 两个量化指标的结果能够很好地反映算法的跟踪性能. 所有表中我们将表现最好的数值用粗正体表示, 表现为第二好的数值采用斜粗体表示. 从表 7.2 可以看出, 对于 Car4 和 Davidindoor 视频序列, 我们的跟踪算法虽然没有获得第一或第二, 但是平均中心误差率和 IVT、OSPT 算法几乎相近. 从理论角度分析, 我们的方法基于分块思想的子空间建模对于姿态大的变化 (如 Davidindoor) 没有表现出比 PCA 子空间建模的优势. 然而, 从其他运行结果总体上看我们方法获得比较小的平均中心误差, 究其原因, 我们认为这些视频存在一个共同的特点就是目标几乎很小的 out-of-plane 旋转变化. 结合 NMF 这种局部构成整体的目标表示特点, 可以总结出我们提出跟踪算法的适应性. 从表 7.3 的平均重叠率可以看出, 我们方法的跟踪结果大部分获得了第一, 少数获得了第二, 整体高出 OSPT 算法 10 多个百分点, 体现了跟踪算法的稳定性. 结合图 7.4, 图 7.5 和表 7.2 和表 7.3, 可以看出我们提出的跟踪算法在 8 个挑战性视频序列中获得了一定的优势.

表 7.2 不同跟踪算法的平均中心误差率结果图

	IVT	APG L1	MIL	L1	TLD	VTD	OSPT	Ours
Caviar1	45.2	50.1	14.1	119.1	5.6	3.9	***1.7***	**1.5**
Caviar2	8.6	63.1	70.3	3.2	8.5	4.7	**2.2**	***2.7***
Caviar3	66.0	68.6	100.2	***16.3***	44.4	58.2	45.7	**3.1**
Car4	**2.9**	16.4	60.1	4.1	18.8	12.3	***3.0***	3.3
Davidindoor	**3.1**	10.8	34.3	7.6	13.4	49.4	***3.2***	3.9
Face	69.7	148.9	134.7	***7.5***	22.3	141.4	24.1	**7.5**
Faceocc1	9.2	6.8	32.3	6.5	17.6	11.1	***4.7***	**4**
Suv	58.4	105.4	82.96	45.9	—	57.2	75.3	**3.1**
Average	32.9	58.7	66.1	26.3	18.7	42.3	20.0	**3.6**

表 7.3 不同跟踪算法的平均重叠率结果图

	IVT	APG L1	MIL	L1	TLD	VTD	OSPT	Ours
Caviar1	0.28	0.28	0.25	0.28	0.70	0.83	**0.89**	*0.86*
Caviar2	0.45	0.32	0.26	**0.81**	0.66	0.67	0.71	*0.75*
Caviar3	0.14	0.13	0.13	*0.38*	0.16	0.15	0.25	**0.80**
Car4	**0.92**	0.70	0.34	*0.84*	0.64	0.73	**0.92**	**0.92**
Davidindoor	0.71	0.27	0.45	0.62	0.50	0.52	**0.80**	*0.76*
Face	0.44	0.14	0.15	*0.83*	0.62	0.24	0.68	**0.84**
Faceocc1	0.85	0.87	0.59	0.88	0.65	0.77	*0.91*	**0.93**
Suv	0.41	0.48	0.21	*0.62*	—	0.45	0.48	**0.72**
Average	0.53	0.40	0.30	0.66	0.56	0.55	*0.71*	**0.82**

7.5.3 适用性讨论

本章算法在目标出现部分遮挡、光线变化和运动模糊的跟踪环境下, 通常能够较好地跟踪目标. 总结算法的设计机制可以看出, 因为 NMF 的分解描述了部分和整体的关系, 而基于部分或分块描述目标的思想在很多跟踪算法中已经用到, 它对部分遮挡的跟踪问题有较好的适应, 同时稀疏表示模型已经证明对部分遮挡问题也有一个较好的适应, 基于这两方面的机制, 提出算法能够较好地适应部分遮挡情况, 尤其在 SUV 视频序列中展现出较强的优势. 另外, NMF 基向量代替了原始稀疏表示模型中的原始像素特征, 新的稀疏子空间模型提高了外观模型的精确度, 能够更好地适应目标经历噪声干扰的因素, 从某种角度上讲, 目标的运动模糊就等价于噪声干扰. 通过对算法的研究, NMF 是一种通过目标子块加性重构全局的描述形式, 因此外观模型在目标出现 out-of-plane 的情况下会表征能力减弱, 从而导致跟踪效果可能下降, 而对于平面内目标经历的各种挑战性问题适应能力相对会更好. 另外, 这种外观模型属于产生式模型的一种, 也会和其他自适应跟踪算法一样面临轨迹漂移问题. 一个改进的措施就是考虑模型的判别式鉴别能力, 或者结合全局的目标描述形式, 从而提高目标外观模型对目标整体特征的表征能力.

7.6 小 结

本章提出一种新的基于约束稀疏子空间的在线视频跟踪算法, 该算法利用分块的 NMF 目标子空间和两种约束条件下的目标表示方式, 从而能够同时利用子空间模型设计和稀疏表示模型设计的优势, 使目标外观模型考虑了跟踪环境中的噪声干扰因素. 为了获得最优的目标表示形式, 本章提出了一种新的迭代算法来求解最优化问题, 通过获得最佳的模型参数对目标外观进行建模, 充分考虑矩阵分解和系数矩阵的稀疏性以适应有效的跟踪目标. 另外, 针对跟踪中的部分遮挡和运动模糊等问题, 采用稀疏重构策略容忍噪声干扰的存在. 同时, 采用 INMF 方式更新外观模型以适应目标外观变化, 更新过程中依据对跟踪结果的遮挡程度, 检测选择优秀的跟踪结果参与模型更新, 避免了错误跟踪结果作为更新样本导致模型退化以及跟踪漂移问题. 在众多挑战性视频序列上的测评结果表明, 本章提出的算法与代表性跟踪算法相比, 在跟踪精度和稳定性方法均有良好的表现. 未来, 我们可以从提高算法的运行效率、样本选择机制和结合多任务学习等几个方面来进一步对目标持续性跟踪算法进行研究.

第 8 章　基于多任务学习的目标跟踪算法

本章提出一种基于多任务稀疏原型建模的目标持续性跟踪算法, 该算法不同于稀疏子空间建模方法, 它在多任务学习框架下充分利用了各子空间基向量间的相互关联, 以提高跟踪的精确度和有效性. 另外, 不同于基于多任务学习的跟踪算法, 它分别施加组群约束和逐元素约束在正交基的投影系数矩阵和误差矩阵上, 并采用紧促的表示形式描述目标外观, 使目标持续性跟踪能力得到增强.

8.1 引　　言

基于产生式目标跟踪方法研究中常用的子空间线性目标表示形式近些年也受到研究者的广泛关注. 这类方法一般假定被跟踪的兴趣目标可以通过基向量的线性加权和来描述目标外观, 虽然这种紧促的数据描述方式能够使跟踪算法对光照、姿态等外观变化具有较好的适应效果, 但当目标出现遮挡、模糊等噪声影响时, 跟踪可能会面临失败. 近年来, 稀疏表示被成功地应用到视频跟踪问题 (简称为 l_1 跟踪器), 跟踪目标能够由一些模式模板和由单位矩阵组成的琐碎模板进行稀疏线性表示, 其中模板集合可以描述目标跟踪过程中的外观变化, 琐碎模板能够用来模拟不同的噪声干扰, 这种外观建模方式对部分遮挡和运动模糊等噪声干扰因素有很好的适应能力. 基于这一里程碑式的工作, 许多研究者分别尝试从算法运行效率[92−94,185] 和运行精度[95,98] 两方面提高 l_1 跟踪器的性能. 基于这两类外观表示方式的深入研究和在跟踪算法中展示出的优势, 研究者提出通过基向量代替像素特征构建超完备字典, 以提高外观模型对兴趣目标表示的精确度和鲁棒性, 这类方法从另一个角度深入研究了目标稀疏外观表示的新形式.

于是, Wang[178] 等在讨论和分析了基于子空间和稀疏表示跟踪算法各自优缺点的基础上, 提出一种基于稀疏原型的在线视频跟踪算法 (简称 OSPT). 该算法利用 PCA 正交基向量代替原始的像素模板来表示目标, 通过琐碎模板和正交基的线性组合建立外观模型, 并提出一种快速迭代算法来求解基于稀疏原型的外观模型. 通过一个有效的观测似然函数和一个恰当的观测模型更新方式, 实现了目标的精确性跟踪, 成为利用稀疏子空间建模实现视频跟踪的一个代表性算法. 然而, 这种方法将每个观测样本的外观表示作为一个独立任务, 没有考虑各个子空间基向量之间的相互关系, 以至于可能会导致目标的很多结构性信息丢失, 从而引发目标在出现严重外观变化时跟踪算法呈现出不稳定性的情况.

为了克服上述问题, 多任务学习 (Multitask Learning, MTL) 受到研究者的广泛关注, 它提前假设各子任务间是相互关联的, 然后通过分享各任务间最相关的信息以提高每一个独立任务的目标表示能力. Zhang 等[98] 提出采用低秩稀疏学习去考虑粒子滤波单任务之间的相关性, 以提高跟踪效果. 接着, Zhang 等[99] 首次将 MTL 应用到视频跟踪问题, 该方法在混合范数约束条件下利用不同粒子之间的相互依赖关系去描述目标外观, 大大提高了目标跟踪结果的精度和算法运行的效率. Hu 等[186] 提出多任务 l_0 梯度最小化视频跟踪算法, 该方法通过原始 l_0 范数来控制所有样本的非零系数数目, 以更好地表示外观模型, 并在多任务学习框架下通过一次优化问题解决 l_0 范数最优化问题, 提高计算效率, 获得了很好的跟踪效果. Lan 等[187] 提出多特征融合的联合稀疏视频跟踪算法, 该方法利用目标不同特征间的相互补充关系, 利用联合稀疏表示动态地选择可靠的特征进行构建外观模型, 通过提高目标特征的质量来实现鲁棒性跟踪. 然而, 这种方法采用了产生式模型表示观测样本, 容易使跟踪算法产生轨迹漂移问题, 因此 Fan 等[188] 提出判别式多任务目标跟踪算法, 该方法在线特征选择机制的基础上, 通过自适应获得具有鉴别力的特征构造判别式字典, 通过判别式多任务学习策略更新外观模型, 从而实现鲁棒性跟踪. Cheng 等[189] 提出联合产生式和判别式模型的多任务学习跟踪方法, 该方法通过交替使用判别式和产生式跟踪器, 然后在结构多任务学习框架下设计外观模型, 从而提高了视频跟踪算法的精确性. 尽管这些方法从不同角度改善了跟踪算法的表现, 但是它们存在一个共同的问题：当目标候选因为采样机制的不精确而导致目标结构信息差异较大时, 跟踪方法仍然暴力施加相同的约束在所有的候选样本上, 这将大大导致算法的能力退化. Bai 等[190] 将稀疏矩阵分解成两部分, 以对共性特征和差异性特征分别进行约束, 这种稀疏外观建模方式增强了目标跟踪的持续性能力. Hong 等[191] 通过 Multi-view 方式, 将目标的多种特征形式组成字典, 这种策略大大提高了原子的丰富性, 再通过多任务学习方法挖掘目标不同特征之间的关系, 使得外观模型更加鲁棒, 算法获得了很好的效果.

基于上述众多的研究成果, 本章提出一种基于多任务稀疏原型建模的目标持续性跟踪算法, 该算法在对经典稀疏原型外观建模方法研究的基础上, 将其拓展到多任务学习框架下实现跟踪, 有效地利用了多任务学习和基于 PCA 子空间建模的两方面优点. 同时, 为了更好地挖掘多任务之间的相关信息, 将组群稀疏约束施加在 PCA 分解获得的系数矩阵上, 将元素稀疏约束施加在误差矩阵上. 最后, 利用 APG(Accelerate Proximal Gradient) 算法对最优问题进行求解, 依据获得的最佳参数确定基于多任务稀疏原型的外观模型, 并在粒子滤波框架下实现能够适应部分遮挡、光线变化和运动模糊等挑战问题的目标持续性跟踪.

本章内容安排如下：8.2 节介绍了多任务学习的基本理论; 8.3 节介绍稀疏原型外观模型理论, 重点介绍稀疏 PCA 子空间外观建模方法和 OSPT 跟踪算法框架设计; 8.4 节介绍基于多任务稀疏原型的视频跟踪算法, 重点介绍多任务稀疏原型外观建模方式, 基于 APG 算法的优化求解策略和粒子滤波框架下的跟踪框架设计; 8.5 节给出了试验结果和算法对比分析, 重点介绍试验结果的定性、定量分析和算法的适用性分析; 8.6 节对本章进行了小结.

8.2 多任务学习基本理论

目前机器学习的研究算法中大部分是针对单个任务的学习问题, 实际中, 往往会出现很多学习任务同时出现的情况. 例如, 运动员在打羽毛球的过程中, 需要并行多个学习任务, 它们主要包括: 如何预计球的降落位置, 如何进行移动身体, 如何进行接球等. 这些任务之间大都存在着相互关联. 因而, 一般情况下一个动作的执行往往伴随着多个学习任务的同时进行, 这些任务之间的相互影响促使学习效果变得更好. 如果将这种行为应用到机器学习中, 即分类器学习一个任务的同时能够同时学习其他多个任务, 则这些任务会对分类的内容获得更全面的描述. 然而, 在单任务学习过程中, 这些子任务间的内在关联常常被忽略, 从而可能会导致失去一些有用的潜在信息.

基于此, Caruana 于 1997 年首次提出多任务学习方法[192], 它的目标是在解决学习问题时能够尽可能地充分利用多个相关任务间蕴藏的相关信息, 以促进学习系统性能的显著提高. 可见, 如何挖掘多任务之间的相关性, 成为多任务学习方法需要解决的核心问题. 图 8.1 和图 8.2 给出了单任务学习和多任务学习各自的功能框图, 可以明显看出单任务在完成各个子任务时相互之间是独立的, 而多任务学习则充分利用了各个单任务的数据信息.

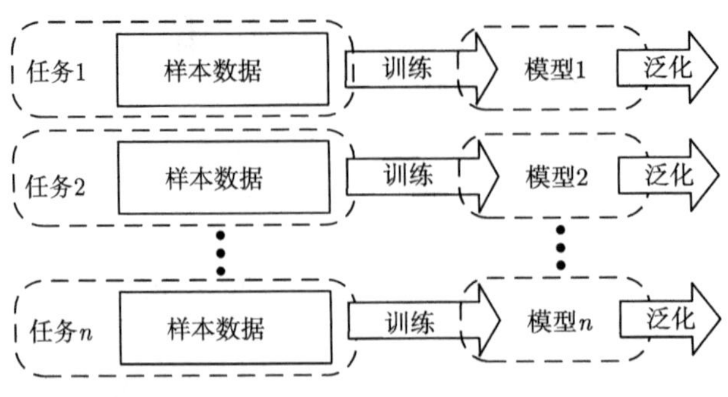

图 8.1 单任务学习功能图

多任务学习将多个任务同时进行学习, 获得更多的信息量, 在样本匮乏的情况下提高了算法的学习能力. 很多研究者从不同侧面进行了深入研究, 并提出了多种改进的算法. Argyriou 等[193] 使用正则化提取低维特征, 并利用正则化矩阵控制多任务学习过程中共享的特征数量. Evgeniou 和 Pontil 等[194] 提出将 SVM(Support Vector Machine) 与多任务学习有机结合, 大大促进了其发展. 随后, Liu 等[195] 将半监督学习和多任务学习融合在统一的学习框架下获得了广泛关注. Kato 等[196] 将核方法引入多任务学习中, 为多核学习方法的发展奠定了基础. 另外, 也有少数研究者将多任务学习方法引入人脸识别领域, 实现了人脸分类和人脸验证识别等研究成果. 近几年, 众多研究者尝试通过多任务学习提高目标外观表示能力, 以保证视频跟踪算法的精确度和持续性, 从而获得了大量的研究成果.

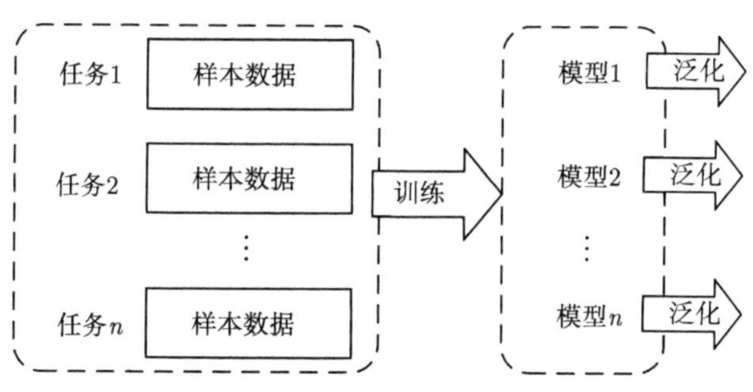

图 8.2 多任务学习功能图

8.2.1 多任务学习的典型分类

通过学习多个任务的相关性, 能够得到有效的学习模型. 基于机器学习领域中对多任务学习的大量研究. 按照学习方法中任务相关性的不同形式, 可以将多任务学习主要分为以下几类:

(1) 任务间呈组群相关形式. 这种情况下, 不同组群之间的任务模型是弱相关的, 但是各个组群内部的任务之间是强相关的, 如图 8.3 所示, 其代表性算法有 Clustered MTL[197].

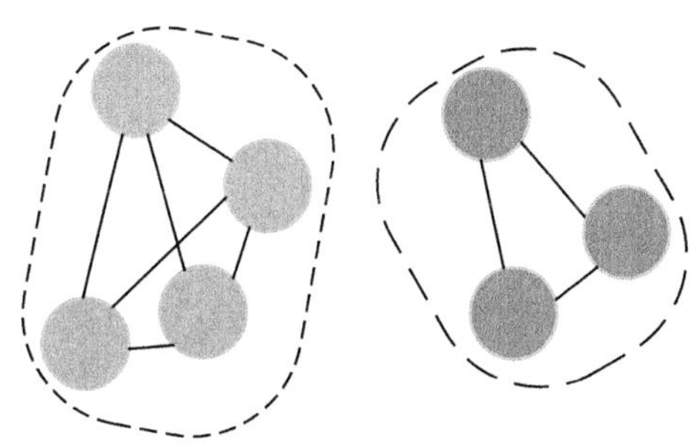

图 8.3 任务间呈组群相关形式

(2) 任务间呈网状相关形式. 这种情况下, 网状结构中相连接的子任务间具有相关性, 这种相关性可以通过不同的权重形式来描述, 如图 8.4 所示, 其代表性算法有基于图的 LASSO 方法[198].

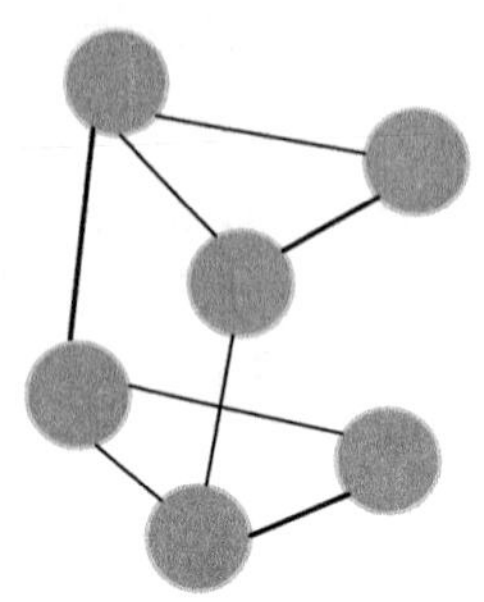

图 8.4　任务间呈网状相关形式

(3) 任务间呈树状相关形式. 这种情况下, 属于同一节点下的任务之间具有强相关性, 属于不同节点下各任务相关性由共同树节点的深度决定, 其代表方法为基于树向导的组群 LASSO 方法.

(4) 任务间呈平面互相关形式. 这种情况下, 包括所有任务相关形式, 如图 8.5 所示, 其代表方法有联合特征学习[199] 和迹范数正则化 MTL[200] 等. 另外一种形式是部分任务间存在关联性, 可以运行个别任务孤立 (如图 8.5 中, 当 4, 5, 7 线段断开时), 代表算法有鲁棒的 MTL.

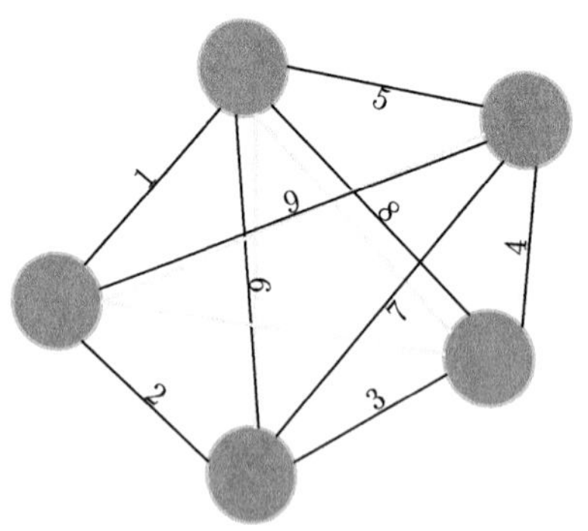

图 8.5　任务间呈平面互相关形式

8.2.2　多任务学习的典型算法模型

本章研究的多任务学习算法主要是基于所有任务都相关的形式, 其常用的多任务模型有: 正则化 MTL、联合特征学习、低秩 MTL 和 ASO(Alternating Structural Optimization) 等, 本节仅介绍一种我们算法中使用到的多任务学习算法模型 —— Dirty Model[201].

Dirty Model 的思想比较简单, 它将回归参数矩阵分解为两个不同矩阵的加和,对这两个矩阵分别采用混合范数 $l_{1,\infty}$ 和 $l_{1,1}$ 进行约束, 从而分别获得具有共性特征的参数矩阵和具有差异性的参数矩阵. 这种情况下, 混合学习模型可以适应不同相关性的多任务学习问题. 首先, 参看以下的标准多线性回归问题:

$$y^{(k)} = X^{(k)}\bar{\theta}^{(k)} + w^{(k)}, \quad k = 1, \cdots, r \tag{8.1}$$

其中, $y^{(k)} \in \mathbb{R}^n$ 是第 k 个任务响应, $w^{(k)} \in \mathbb{R}^n$ 代表噪声向量, $X^{(k)} \in \mathbb{R}^{n\times p}$ 代表线性回归矩阵 (不同任务下可能是不同的). 假设 $w^{(k)}$ 服从正态分布 $N(0,\sigma^2)$,r 为子任务的总数目, p 为特征总数, n 为每个任务中的样本数目. 将 r 个任务的这些属性综合起来简记为响应矩阵 $Y \in \mathbb{R}^{n\times r}$, 回归参数矩阵设为 $\bar{\Theta} \in \mathbb{R}^{p\times r}$, 噪声矩阵设为 $W \in \mathbb{R}^{n\times r}$.

在 Dirty Model 中, 真实的回归参数矩阵 $\bar{\Theta} \in \mathbb{R}^{p\times r}$ 被分解为两个不同的参数矩阵 P 和 Q, 如图 8.6 所示, 通过对参数矩阵的最优求解来尽可能准确估计参数矩阵. 一般情况下, $\bar{\Theta}$ 矩阵中会有一些列的大多数元素是非零的, 这些列对应着多数任务共享的特征, 称为 “共性特征”. 相反, 也存在一些列, 其包含的元素多数为零, 这些列对应一部分任务的特征, 称为 “差异性特征”.

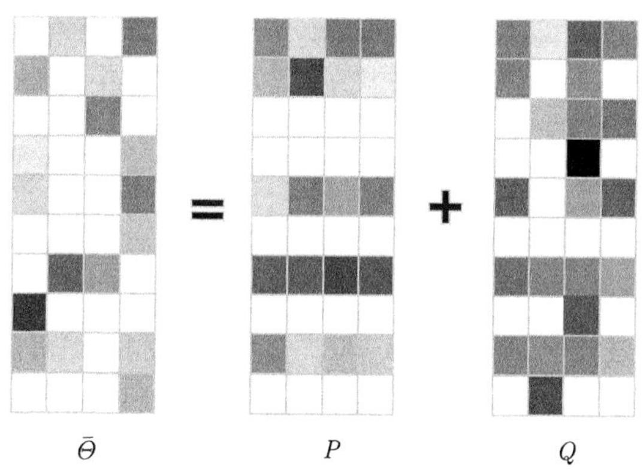

图 8.6 混合学习模型 (后附彩图)

Dirty Model 能够在多任务学习过程中自动适应地调节参数, 使最终得到的回归参数矩阵能够自动适应地对不同相关性的任务进行学习. 在 Dirty Model 算法中, 为了获得相应的组群稀疏参数矩阵和元素稀疏参数矩阵, 参数矩阵 P 和 Q 分别被施加了混合范数约束 $l_{1,\infty}$ 和 $l_{1,1}$. 而传统单一特征学习模型则只会利用组群稀疏特性或元素稀疏特性, 相对而言, Dirty Model 的效果好于单一学习模型, 这种混合学习模型的学习过程可以被转化为求解如下的凸优化问题:

$$(\hat{P}, \hat{Q}) \in \arg\min_{S,B} \frac{1}{2n} \sum_{k=1}^{r} \left\| y^{(k)} - X^{(k)}(P^{(k)} + Q^{(k)}) \right\|_2^2 + \lambda_S \|P\|_{1,\infty} + \lambda_B \|Q\|_{1,1} \tag{8.2}$$

输出：$\hat{\Theta} = \hat{P} + \hat{Q}$

通过优化方法求解, 我们可以获得最佳的回归参数矩阵, 从而提高算法学习过程对任务间相关信息的充分利用.

8.3 稀疏原型外观模型理论

基于子空间的视频跟踪算法, 一般假设跟踪目标可以通过基向量的线性组合来表示, 并且假设观测噪声符合方差较小的稠密高斯分布, 通过目标在基向量上的重构误差设计观测似然, 同时更新基向量以适应目标外观变化. 尽管这些方法取得了很好的跟踪效果, 但会因为两方面的原因导致失败. 首先, 高斯模型中方差参数设置较小, 无法描述因运动模糊和部分遮挡等因素产生的干扰状态; 其次, 没有设置鉴别噪声干扰程度的机制, 这可能导致在线更新基向量时因为混入错误样本导致跟踪能力下降. 基于稀疏表示理论在视频跟踪领域的成功应用, Wang 等[178] 提出一种结合子空间学习和稀疏表示理论的稀疏原型 (Online Sparse Prototype Tracking, OSPT) 跟踪算法, 获得了很好的跟踪表现.

传统基于 PCA 子空间外观模型能够较好地描述目标外观的光照和小姿态变化问题, 但这种外观模型对部分遮挡比较敏感. 为了说明这个问题, 先参看公式 (8.3):

$$y = Ux + n \tag{8.3}$$

其中, y 代表观测向量, U 代表 PCA 子空间的投影基矩阵 (每列表示一个基向量), x 代表基下的编码稀疏, n 代表噪声向量. 一般情况下, n 符合小方差的高斯分布, 系数向量 x 可以通过投影运算获得 $x = U^{\mathrm{T}}y$, 因此观测似然可以利用公式 (8.4) 来描述:

$$p(y|z) \propto \exp(-\|y - Ux\|_2^2) \tag{8.4}$$

如果目标跟踪过程遇到部分遮挡或其他因素的干扰, 高斯噪声假设将不能成立, 从而导致传统跟踪算法的模型退化影响跟踪效果. 受到稀疏表示理论的启发, 针对基于增量 PCA 的 IVT 算法和稀疏表示跟踪器的各种特点, 提出一种新的外观模型表示形式, 该方法根据 PCA 基向量集合建模目标的外观变化, 利用稀疏模板来模拟可能出现的噪声干扰, 故观测目标可以近似为

$$y = Ux + e = [U \;\; I]\begin{bmatrix} x \\ e \end{bmatrix} \tag{8.5}$$

其中, y 代表观测向量, U 代表 PCA 的基向量集合, x 为 PCA 基向量上的投影系数, I 为单位矩阵 (本章代表琐碎模板), e 为稀疏噪声项 (即模板上的系数). 由于

PCA 基向量是正交的, 故系数不需要稀疏, 因此稀疏原型的目标外观模型如图 8.7 所示, 可以通过求解以下的优化问题来获得:

$$[x,e]=\arg\min_{x,e}\frac{1}{2}\left\|y-Ux-e\right\|_2^2+\lambda\left\|e\right\|_1 \tag{8.6}$$

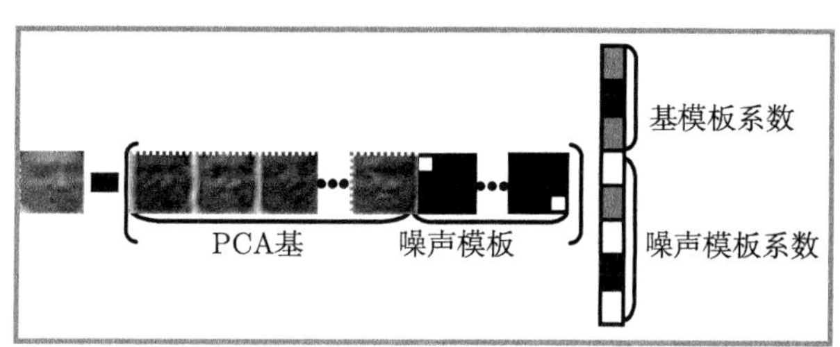

图 8.7 基于稀疏原型的外观模型

采用文献 [178] 的迭代求解算法, 获得最优的 x 和 e, 从而确定最佳的目标外观模型. 整体而言, OSPT 算法相比 IVT 算法而言, 考虑并处理了目标可能出现类似于遮挡和模糊因素的噪声干扰问题, 相比稀疏表示而言, 利用了子空间表示形式, 提升了跟踪算法的精度和速度.

8.4 基于多任务稀疏原型的视频跟踪算法

8.4.1 多任务稀疏外观模型

对于稀疏原型外观模型, 我们注意到每一个观测样本被视为一个单独学习任务被表示. 而实际中, 观测样本是通过以当前帧目标状态为中心稠密采样所获得, 样本之间具有很多相关性. 而且, 用于表示每一观测样本的基向量也是互相关联的, 稀疏原型外观模型忽略了这一因素. 因此, 通过挖掘各子任务间基向量的相关性提高外观模型表现能力, 成为视频跟踪算法研究中的一个重要内容. 为此, 尝试在多任务学习框架下拓展基于稀疏原型的外观建模方法, 故方程 (8.5) 被重新改写如下:

$$y=Uz+e=[U\ I]\begin{bmatrix}z\\e\end{bmatrix}=Wv \tag{8.7}$$

基于文献 [99] 的方法, 多任务稀疏表示转化为如下的最小化问题:

$$\min_{V}\frac{1}{2}\left\|Y-WV\right\|_F^2-\gamma\left\|V\right\|_{p,q} \tag{8.8}$$

其中, V 是稀疏矩阵, γ 是第一项重构误差和第二项联合稀疏约束的调节因子. $\left\|\cdot\right\|_{p,q}$ 是混合正则化项, 被定义为 $\left\|W\right\|_{p,q}=\sum_{i=1}^{r}\left\|W^i\right\|_q^p$. 这里 V^i 代表矩阵 V 的第 i 行, r

代表目标模板和噪声模板的总数目. 注意, 目标模板和噪声模板均使用相同的混合正则项进行约束, 这将产生暴力强迫式的稀疏约束, 导致难以有效地学习任务间的共性特征和差异性特征.

为了克服这一问题, 本章尝试将不同的正则项分别施加在模板和噪声模板上进行稀疏化约束, 以提高外观模型的标准能力. 因此, 我们将系数矩阵 V 分解成两个矩阵 S 和 B, 则基于 Dirty 模型的目标外观表示被转换成以下最优化问题:

$$\min_{P,Q} \frac{1}{2} \|Y - W(S+B)\|_F^2 + \alpha \|S\|_{1,2} + \beta \|B\|_{1,1} \tag{8.9}$$

其中, α 和 β 是惩罚参数. 组群稀疏正则项 $l_{1,2}$ 被施加在 PCA 的基向量稀疏矩阵上是为了分享相同的结构信息, 而逐元素稀疏正则项 $l_{1,1}$ 被施加在误差矩阵上是为了考虑差异性信息. 受到 OSPT 方法的启发, 我们采用 PCA 基向量代表原始像素值在多任务学习框架下建立外观模型, 提出一种新的基于多任务稀疏原型的外观建模方式, 如图 8.8 所示.

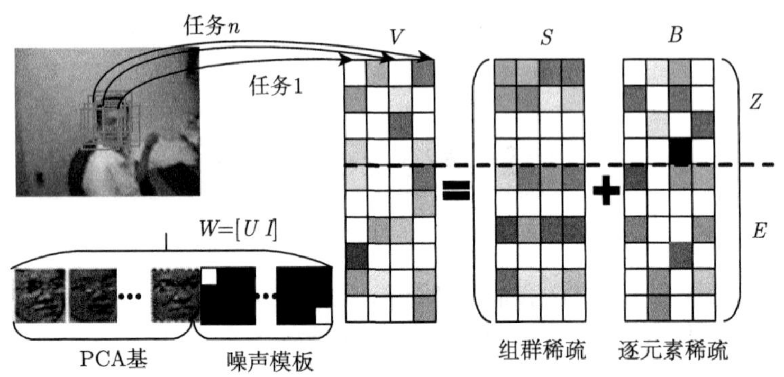

图 8.8 基于多任务稀疏原型的外观模型(后附彩图)

不同于 OSPT 算法, 我们的算法利用了子任务间的全局和局部结构信息, 与 MTL 跟踪算法相比, 我们利用分解的 S 和 B 调节目标模板和噪声模板重构的目标外观表示形式. 矩阵 V, S 和 B 可以通过优化方法求解获得, 8.4.2 节将会详细介绍. 这里, 如果 $\beta \neq 0$ 而 $S = 0$, 则跟踪方法退化为 OSPT 算法. 也就是说, OSPT 算法是我们跟踪器的一种特殊形式. 这种外观建模方式挖掘了基向量之间的相似性, 同时考虑了它们的差异性, 这使我们的跟踪方法相对已有算法获得了更好的跟踪效果.

8.4.2 基于 APG 方法的最优化求解策略

首先, 先分析公式 (8.9) 的内容, 第一项是可微的凸函数, 第二、三项是两个非光滑凸函数. 对于这种最小化问题, APG 方法如表 8.1 所示, 能够获得较好的求解

结果. 一般情况下, APG 方法被设计出来以解决如下的无约束最小化问题:

$$\min F(x)+G(x) \tag{8.10}$$

其中, $F(x)$ 是可微的凸函数, $G(x)$ 是非光滑凸函数. APG 算法列出如下 (L 是 Lipschitz 因子):

表 8.1 典型 APG 算法介绍[202]

1. 设置 $x_0=x_{-1}=0\in\mathbb{R}^N$ 和设置 $t_0=t_{-1}=1$
2. 对于 $k=0,1,\cdots$, 迭代直到收敛

$$\begin{cases} \eta_{k+1}:=x_k+\dfrac{t_{k-1}-1}{t_k}(x_k-x_{k-1}); \\ x_{k+1}:=\arg\min\limits_x \dfrac{L}{2}\left\|x-\eta_{k+1}+\dfrac{\nabla F(\eta_{k+1})}{L}\right\|_2^2+G(x); \\ t_{k+1}:=\dfrac{1+\sqrt{1+4t_k^2}}{2}. \end{cases}$$

原始的 APG 方法需要从目标函数产生两类凸函数来求解, 因此定义如下两个函数:

$$F(S,B)=\frac{1}{2}\left\|Y-W(S+B)\right\|_F^2 \tag{8.11}$$

$$G(S,B)=\alpha\left\|S\right\|_{1,2}+\beta\left\|B\right\|_{1,1} \tag{8.12}$$

很明显, 公式 (8.9) 是一个符合模型, 它包含了两种类型的函数, 本章采用 APG 算法去求解最优化问题. 首先, 应用符合梯度映射 [203] 来构造如下的方程:

$$\begin{aligned}\varphi_{S^{(k)},B^{(k)},L_k}(S,B)=&\frac{1}{2}\varphi(S^{(k)},B^{(k)})+\left\langle\nabla_S F(S,B),S-S^{(k)}\right\rangle+\frac{L_k}{2}\left\|S-S^{(k)}\right\|_F^2\\&+\left\langle\nabla_B F(S,B),B-B^{(k)}\right\rangle+\frac{L_k}{2}\left\|B-B^{(k)}\right\|_F^2\end{aligned} \tag{8.13}$$

其中, L_k 是 Lipschitz 常量, 以控制步长的惩罚尺度, $\nabla_S F$ 和 $\nabla_B F$ 表示函数 $F(S,B)$ 关于 S 和 B 在点 $(S^{(k)},B^{(k)})$ 处的偏导数, $\langle A,B\rangle=\mathrm{tr}(A^{\mathrm{T}}B)$ 代表矩阵的内积. 然后, 依据文献 [202] 方法, 每个 k 次迭代最优化问题被转化为下列的问题:

$$(S^{(k)},B^{(k)})=\arg\min_{S,B}\varphi_{S^{(k)},B^{(k)},L_k}(S,B)+G(S,B) \tag{8.14}$$

然而, 因为公式 (8.14) 中的两个函数是可分离的, 最优化问题可以分别被转化成关于 S 和 B 的子问题:

$$S^{(k+1)}=\frac{1}{2}\|S-P\|_F^2+\frac{\alpha}{L_k}\left\|S\right\|_{1,2} \tag{8.15}$$

$$B^{(k+1)} = \frac{1}{2}\|B - Q\|_F^2 + \frac{\beta}{L_k}\|B\|_{1,1} \tag{8.16}$$

其中, $P = S^{(k)} - \nabla_S F/L_k$, $Q = B^{(k)} - \nabla_B F/L_k$. 上述问题可以获得封闭解的形式如下:

$$(S^{k+1})^i = \max\left(0, 1 - \frac{\alpha}{L_k}\|P^i\|\right)P^i, \quad \forall i = 1:r \tag{8.17}$$

$$B^{(k+1)} = \operatorname{sign}(Q)\max\left(0, 1 - \frac{\beta}{L_k}\right)Q \tag{8.18}$$

最后, 公式 (8.9) 的结果可以通过迭代计算式 (8.17) 和式 (8.18), 直到 (S, B) 收敛, 可以获得系数矩阵 $V = S + B$, 详细算法过程见表 8.2.

表 8.2　针对公式 (8.9) 的优化求解算法

1. 设置 Set$S^{(0)} = S^{(1)} = 0, B^{(0)} = B^{(1)} = 0$,$t^0 = 0$, $t^1 = 1$,
   $L_0 = 100, \omega = 1.05, \alpha = 1, \beta = 0.01$.
2. 对于 $k = 0, 1, \cdots$, 迭代直到收敛.
3. 计算逼近的点.
   $S_*^{(k)} = S^{(k)} + \frac{t_{k-1} - 1}{t_k}(S^{(k)} - S^{(k-1)})$
   $B_*^{(k)} = B^{(k)} + \frac{t_{k-1} - 1}{t_k}(B^{(k)} - B^{(k-1)})$
4. 计算 $S^{(k+1)}$ 和 $B^{(k+1)}$ 通过使用公式 (8.15) 和 (8.16).
5. 如果 $F_{S^{(k+1)}, B^{(k+1)}} > \varphi_{S^{(k+1)}, B^{(k+1)}, L_k}$, 更新 $L_k = \omega L_{k-1}$ 并且回到第 4 步骤.
6. 更新步长因子 $t^{k+1} = \frac{1 + \sqrt{1 + 4t_k^2}}{2}$.

8.4.3　基于多任务稀疏原型的跟踪算法框架

本节给出多任务稀疏原型外观模型在粒子滤波框架下实现目标持续性跟踪框架, 跟踪算法框架如图 8.9 所示, 其中用到的粒子滤波基本理论见第 1 章的内容.

运动模型: 本节采用第 7 章描述的仿射参数采样机制作为运动模型.

观测模型: 由于我们的跟踪算法是对 OSPT 框架的拓展, 因此保留了该算法的优点, 在多任务稀疏原型外观模型下, 观测样本可以被转换成如下的最小化问题:

$$\min_{P,Q} \frac{1}{2}\|Y - W(S + B)\|_2^2 + \alpha\|S\|_{1,2} + \beta\|B\|_{1,1} \tag{8.19}$$

通过 APG 算法对公式 (8.9) 进行求解, 获得 S 和 B, 然后再求得 V, 最后获得观测样本的表示形式. 这里, 因为要使算法能够适应部分遮挡等噪声干扰问题, 采用第 7 章的遮挡检测机制, 从而选择优秀的跟踪结果参与 PCA 基向量更新.

模型更新: 利用前 16 帧跟踪结果初始化基向量, 采用增量 PCA 算法实现基向量更新, 利用样本选择机制累计选择满 5 个优秀跟踪结果进行更新, 依据重构误差确定最优的观测样本, 整体过程参看图 8.9.

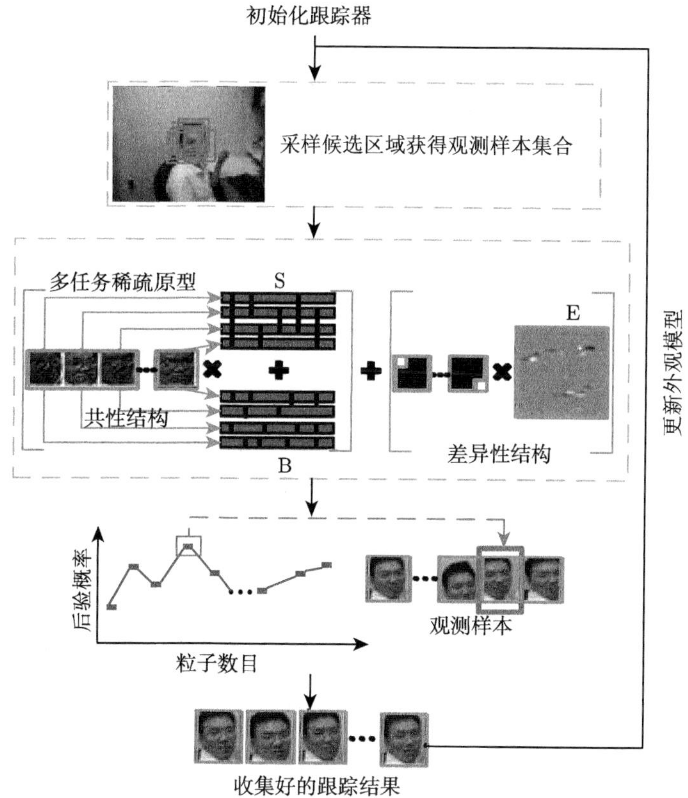

图 8.9 提出算法的流程图(后附彩图)

8.5 试验结果分析与比较

本章提出的视频跟踪算法运行环境与第 3 章的相同. 为了展示提出算法在目标持续性跟踪的性能, 我们将提出的跟踪器和另外 8 种代表性跟踪器在 15 个挑战性视频上的运行结果进行对比. 在设置的试验中, 依据视频序列图像包含的挑战性问题不同, 将其分为 4 个集合: ① 严重遮挡 (如 Occlusion1, Occlusion2, Caviar1, Caviar2, Caviar3 和 DavidOutdoor 视频序列); ② 强烈的光线变化 (如 DavidIndoor, Car4 和 Singer1 视频序列); ③ 复杂的跟踪背景 (如 Car11, Deer 和 Football 视频序列); ④ 运动模糊 (如 Jumping, Owl 和 Face 视频序列). 用于比较的算法有: IVT, MILT, L1T, TLD, APGL1, OSPT ,VTD 和 MTT. 其中, L1T, APGL1,OSPT 和 MTT 是基于稀疏表示的目标跟踪算法.

测试试验设置说明: 测试所使用的视频序列可以从http://visual_tracking.net网页上下载. 对于目标外观描述, 每一个观测样本依据其仿射参数统一缩放为 32×32

像素, 相应的基矩阵大小为 1024×16. 对于在粒子滤波框架下的跟踪算法 (如 IVT 和 VTD) 统一采用的粒子数目为 400, 通过前 16 帧跟踪结果初始化基向量, 然后当收集够 5 个好的跟踪结果时利用 INMF 对基向量和系数矩阵在稀疏约束下实现更新. 本节中, 首先利用 15 个代表性视频对我们提出的跟踪算法和其他算法进行定性分析和比较, 然后给出各个算法的综合评估结果.

8.5.1 实验结果定性分析

1. 严重遮挡

对于 Occlusion1 视频序列在第 7.5 节给出了挑战性问题描述, 尽管 MTT, TLD 和 VTD 暂时偏离跟踪目标, 但大部分算法能够完成整个视频, 然而 MIL 因没有设置遮挡处理机制, 故跟踪出现失败 (参看视频中第#0092, #0587 和#0702 帧). 视频跟踪结果如图 8.10(a) 所示. 对于 Occlusion2 视频序列, 一个人脸出现频繁的遮挡和大姿态的变化. 在视频的前#0325 帧, 仅仅 TLD 丢失了目标 (参看第#0164 帧) 但很快能够恢复跟踪, 其他算法工作相对较好. 然而, 当目标出现大的平面旋转时 (参看第#0497 帧)MIL 不能适应这种变化. 接着, 大部分跟踪器开始轨迹偏移, 因为目标被一本书几乎完全遮挡, IVT 丢失了目标. 相对比, 在这两个视频中, OSPT 表现出很好的效果, 但我们的方法获得比 OSPT 更精确的跟踪效果, 视频跟踪结果如图 8.10(b) 所示.

对于 Caviar1, Caviar2 和 Caviar3 视频序列, 它们包含尺度变化、部分遮挡和相似目标干扰等因素影响. 整体上, IVT 对部分遮挡很敏感, 当出现相似目标遮挡时, MIL 和 TLD 表现得不太好, 因为它们采用的 Haar 特征无法分离相似目标. 当目标首次在每个视频中, 第#0135, #0234 和#0096 帧分别出现遮挡的时候, MIL 和 APGL1 开始跟踪错误目标 (它和跟踪目标外观十分相似). 具体而言, L1T 在 Caviar1 视频中表现较差, 但在 Caviar2 和 Caviar3 视频中获得了很好的跟踪结果. 另外, 在前两个视频内, VTD 表现较好, 因为它采用多个观测模型, OSPT 和我们的算法获得几乎相似的结果. 然而, 当具有相似颜色和轮廓的干扰目标出现时, VTD 和 OSPT 算法跟踪失败 (参看视频 Caviar3 中第#0126 和#0445 帧). 我们的跟踪算法当目标遭遇严重遮挡时仍然获得了最好的表现. 视频跟踪结果如图 8.10(c)~(e) 所示. 对于 DavidOutdoor 视频序列, 它在相对复杂的跟踪环境下经历了部分遮挡和姿势变化等挑战性干扰因素, APGL1, TLD, MTT 和 VTD 很快丢失了目标 (参看第#0094 帧). 然后, 在视频第#0138 帧时, 除了 OSPT 和我们算法之外其他算法均出现了跟踪失败的情况. 直到第#0211 帧, MIL, VTD 和 MTT 再次恢复了对目标的跟踪. 整体上讲, 我们算法相对于 OSPT 具有略微的优势. 视频跟踪结果如图 8.10(f) 所示.

图 8.10 不同算法的跟踪结果 (后附彩图)

2. 剧烈的光线变化

对于 DavidIndoor 图像序列, 它包含目标缓慢的姿态和尺度变化, 而且在人经过光线暗的屋子到亮光区域时目标外观发生了大的光线变化. APGL1 和 VTD 首先丢失目标, 其他方法 (如 MIL 和 L1T) 在第#0148 帧偏离了目标, 因为三维的选择, 在视频的第#0402 帧 (强烈的光线变化) 和第#0402 帧内, TLD 和 MTT 经历了轨迹偏移问题. 相对比, IVT, OSPT 和我们的算法获得了很好的跟踪效果. 视频跟踪结果如图 8.11(a) 所示.

对于 Singer1 视频序列, 它包含除了突变运动外的严重光线变化和尺度变化. 跟踪过程中从第#0085 帧开始, 目标被强烈的光线变化覆盖了多半, MIL 和 MTT 开始发生轨迹偏移而且持续到最后. TLD 逐步丢失了目标, 但在第#0289 帧时再次恢复目标跟踪. IVT 表现出比较不稳定的跟踪结果 (参看第#0126 和#0289 帧), 其他的方法即使在出现目标大尺度变化时 (参看第#0321) 仍然能够完成整个视频的跟踪任务. 视频跟踪结果如图 8.11(b) 所示.

对于 Car4 视频序列, 它展示了强烈的光线变化, 因为树和桥的阴影使目标外观发生变化, 另外也出现一点尺度变化. TLD 首先在第#0156 帧开始发生轨迹偏移, 但很快又恢复了跟踪. 这种情况在整个视频跟踪过程中发生了好几次, VTD 也遭遇了相同的经历. 同时, 因为剧烈的光线变化, MIL, MTT 和 APGL1 大约在第#0231 帧时偏离了目标. 在它们中间, APGL1 能够再次恢复跟踪, 但 MIL 最终丢失了目标 (参看第#0659 帧), 其余剩下的算法均能够成功完成跟踪任务. 视频跟踪结果如图 8.11(c) 所示.

3. 背景复杂

对于 Car11 视频序列, 一个小车在非常黑暗的环境下行驶, 而且目标和背景具有低对比度同时伴随着强烈的光线变化. 正是因为这种剧烈的光线变化, MIL 在第#0056 帧就开始轨迹漂移直到最后丢失了跟踪目标. L1T, VTD 和 TLD 仅仅能够在前#0056 帧获得较好的跟踪结果, 然而汽车大概在第#0283 帧出现一个转弯时, 它们均跟踪失败. 其他的方法成功地跟踪完整个视频, 而我们的跟踪算法获得了最好的表现. 视频跟踪结果如图 8.11(d) 所示.

对于 Deer 视频序列, 它包含快速运动和背景复杂等干扰因素. L1T 首先在第#0006 帧出现运动模糊时丢失了跟踪目标. IVT 和 MIL 大概在第#0025 帧开始偏离目标并且最终跟踪失败. TLD 和 L1T 因为部分遮挡和运动模糊暂时出现目标丢失, 但很会又恢复跟踪. 尽管 MTT, VTD 和 OSPT 能够完成整个视频的跟踪任务, 但我们的算法呈现出更好的表现. 视频跟踪结果如图 8.11(e) 所示.

对于 Football 视频序列, 它所面临的挑战主要是: 存在很多和目标相似的干扰目标; 有非常复杂的跟踪环境存在. L1T 从第#0155 到#0362 丢失跟踪目标, 除此之外, 其他跟踪方法在前#0261 帧均能获得很好的跟踪结果. 然而, 在大约第#0287 帧时出现两个运动员相互碰撞, 大部分跟踪算法偏离了跟踪目标. 相对比, MTT, VTD

和我们的算法能够克服这个问题, 而且成功地完成了视频跟踪任务 (参看第#0362帧). 视频跟踪结果如图 8.11(f) 所示.

图 8.11 不同算法的跟踪结果 (后附彩图)

4. 运动模糊

对于 Jumping 视频序列, 目标频繁跳动并带有严重的运动模糊现象. VTD 在第#0034 帧丢失目标, 而且直到视频最后也没有恢复跟踪. 当在第#0098 帧时目标出现严重的运动模糊, IVT, MTT 和 APGL1 偏离跟踪目标. 然而, 因为目标跳动过程中位移具有重复性, 很多跟踪算法能够恢复目标跟踪 (如 MTT 和 APGL1), 我们的算法相对其他算法获得了更加精确的跟踪效果. 视频跟踪结果如图 8.12(a) 所示.

对于Face图像序列存在运动模糊和快速运动等挑战性问题进行了描述. 由图 8.12(b) 可以看到, APGL1, MIL, IVT, MTT 和 VTD 从第#0326 帧开始跟踪失败. OSPT 能够恢复跟踪而且完成了整个视频的跟踪任务 (参看第#0326 和#0492 帧), TLD 表现出稍微的轨迹偏移, 对比之下, L1T 和我们的算法能够跟踪到视频序列的最后. 视频跟踪结果如图 8.12(b) 所示.

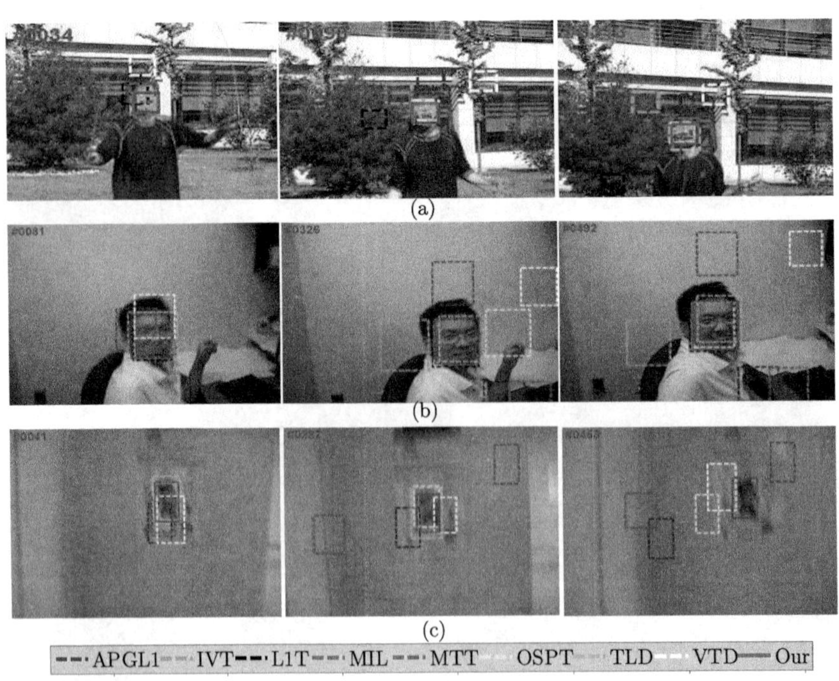

图 8.12　不同算法的跟踪结果 (后附彩图)

对于 Owl 图像序列, 因为快速运动, 一个平面目标频繁出现严重的外观模糊. 从第#0041 帧开始, 很多跟踪算法开始显示出不稳定. IVT, VTD, MIL, L1T, APGL1, OSPT 和 MTT 陆续开始丢失跟踪目标 (看视频序列第#0287 和#0453 帧). 相对比, TLD 尽管在跟踪过程中出现几次目标丢失, 但仍然能够完成整个视频的跟踪任务, 这归功于 TLD 算法的丢失再跟踪能力. 然而, 我们的算法表现出最好的跟踪效果. 视频跟踪结果如图 8.12(c) 所示.

8.5.2 实验结果定量分析

为了评估这些算法的性能, 我们采用了两个评价标准, 一个是平均中心误差率, 另外一个是平均重叠率. 在所有的表格中, 粗正体代表表现最好的跟踪结果, 粗斜体代表表现第二的跟踪结果. 平均中心误差率被总结在表 8.3 中, 我们的算法几乎在所有的结果中保持最小值. 尽管在 Singer1 和 Car4 视频中, 我们的数据呈现稍差的数值, 但结合表 8.4 中的平均重叠率数据, 我们的跟踪算法整体上获得了最好的表现. 综合表 8.3 和表 8.4, 我们的跟踪算法在目标出现严重遮挡的情况下获得优于 OSPT 的跟踪结果.

表 8.3 不同跟踪算法的平均中心误差率 (像素)

Sequence	IVT	VTD	MIL	L1T	TLD	APGL1	MTT	OSPT	Our
Occlusion1	9.2	11.1	32.3	6.5	17.6	6.8	14.1	***4.7***	**3.9**
Occlusion2	10.2	10.4	14.1	11.1	18.6	6.3	9.2	***4.0***	**3.2**
Caviar1	45.2	3.9	48.5	119.9	5.6	50.1	20.9	***1.7***	**1.5**
Caviar2	8.6	4.7	70.3	***3.2***	8.5	63.1	65.4	**2.2**	**2.2**
Caviar3	66.0	58.2	100.2	***16.4***	44.3	68.6	67.5	45.7	**2.6**
DavidOutdoor	53.0	61.9	38.4	100.1	173.0	233.4	65.5	***5.8***	**5.7**
DavidIndoor	3.6	13.6	16.2	7.6	9.7	24.7	9.8	***3.2***	**2.9**
Singer1	8.5	***4.1***	15.2	4.6	32.7	**3.1**	41.2	4.7	5.5
Car4	**2.9**	12.3	60.1	4.1	18.8	16.4	37.2	***3.0***	3.5
Car11	2.1	27.1	43.5	33.3	25.1	***1.7***	1.8	2.2	**1.5**
Deer	127.5	11.9	66.5	171.5	25.7	38.4	9.2	***8.5***	**6.8**
Football	18.2	**4.1**	16.0	40.0	11.8	12.4	6.5	33.7	***5.1***
Jumping	36.8	63.0	9.9	92.4	***3.6***	8.8	19.2	5.0	**3.4**
Face	69.7	141.4	134.7	**7.5**	22.3	148.9	127.2	24.1	***12.2***
Owl	141.4	96.8	148.9	189.6	***8.2***	104.2	184.3	47.4	**5.9**
Average	40.2	35.0	54.3	53.9	28.4	52.5	45.3	***13.1***	**4.4**

为了更详细地描述跟踪结果的定量比较, 图 8.13 和图 8.14 分别给出了平均重叠率和中心误差率在不同视频序列中的数值变化过程. 整体上讲, 跟踪重叠率体现了跟踪过程的稳定性, 中心误差率体现了跟踪结果的精确度. 从这些图可以看出, 我们的跟踪算法整体上保持一个大的重叠率同时保持一个低的中心误差率. 这也就意味着我们的算法即使在目标出现部分遮挡、强烈光线变化、背景复杂和运动模糊等情况下, 也能够实现鲁棒的持续性目标跟踪. 结合表 8.3 和表 8.4, 图 8.10~ 图 8.14, 可以得出小结: 在多任务学习框架下, 我们的跟踪算法获得比 OSPT 更好的跟踪结果.

表 8.4　不同跟踪算法的平均重叠率

Sequence	IVT	VTD	MIL	L1T	TLD	APGL1	MTT	OSPT	Our
Occlusion1	0.85	0.77	0.59	0.88	0.65	0.87	0.79	*0.91*	**0.93**
Occlusion2	0.59	0.59	0.61	0.67	0.49	0.70	0.72	*0.84*	**0.85**
Caviar1	0.28	*0.83*	0.25	0.28	0.70	0.28	0.45	**0.89**	**0.89**
Caviar2	0.45	0.67	0.26	**0.81**	0.66	0.32	0.33	0.71	*0.80*
Caviar3	0.14	0.15	0.13	*0.38*	0.16	0.13	0.14	0.25	**0.84**
DavidOutdoor	0.52	0.42	0.41	0.35	0.16	0.05	0.42	*0.77*	**0.78**
DavidIndoor	0.71	0.52	0.45	0.63	0.60	0.27	0.64	**0.80**	*0.79*
Singer1	0.66	0.79	0.34	0.70	0.41	**0.83**	0.32	*0.82*	0.78
Car4	**0.92**	0.73	0.34	*0.84*	0.64	0.70	0.53	**0.92**	**0.92**
Car11	*0.81*	0.43	0.17	0.44	0.38	**0.83**	0.58	*0.81*	*0.81*
Deer	0.22	0.58	0.21	0.04	0.41	0.45	0.60	**0.61**	**0.62**
Football	0.55	**0.81**	0.55	0.39	0.56	0.68	0.71	0.62	*0.77*
Jumping	0.28	0.08	0.53	0.09	*0.69*	0.59	0.30	*0.69*	**0.75**
Face	0.44	0.24	0.15	**0.83**	0.62	0.14	0.26	0.68	*0.77*
Owl	0.22	0.12	0.09	0.08	*0.60*	0.17	0.09	0.48	**0.80**
Average	0.51	0.52	0.34	0.49	0.52	0.47	0.46	*0.72*	**0.81**

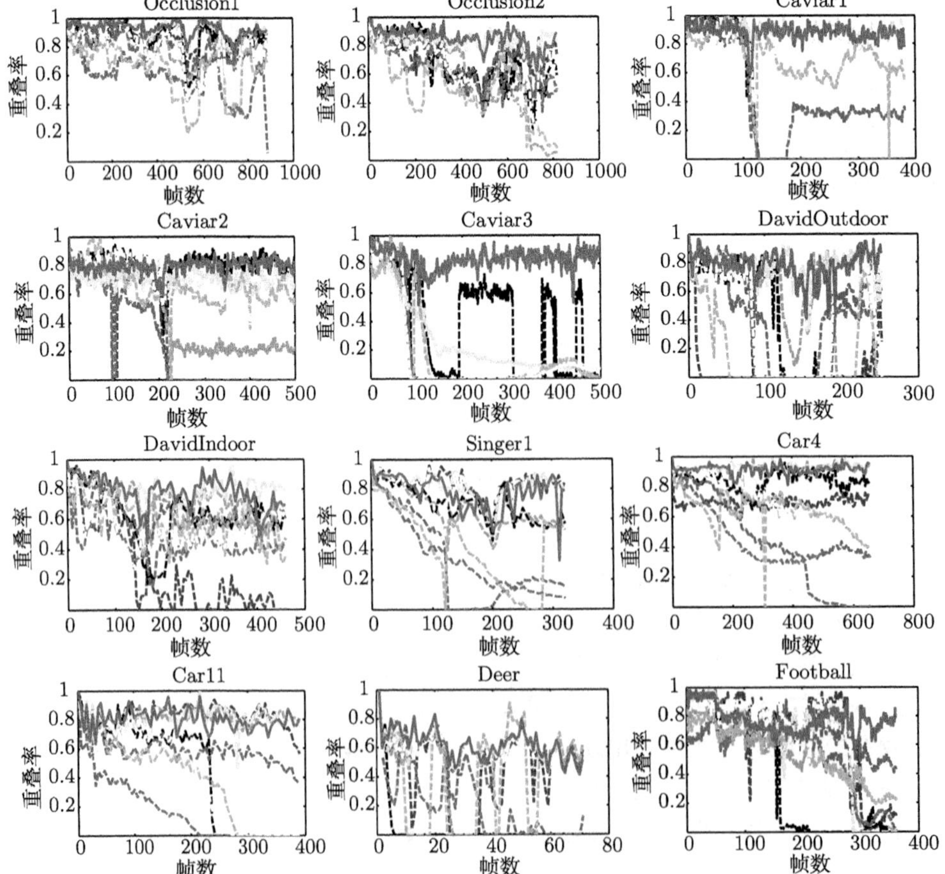

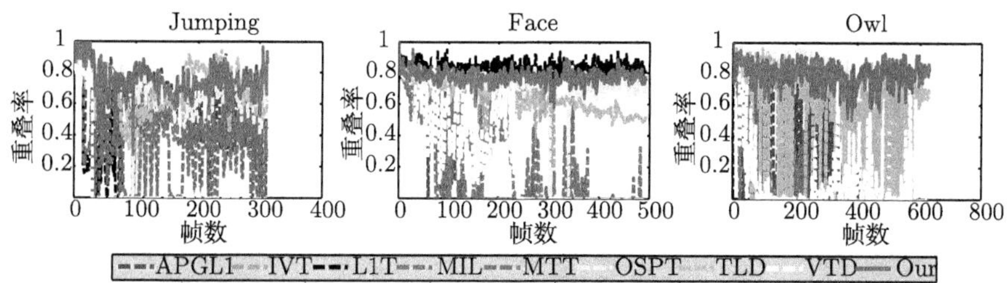

图 8.13 不同跟踪算法的重叠率曲线图 (后附彩图)

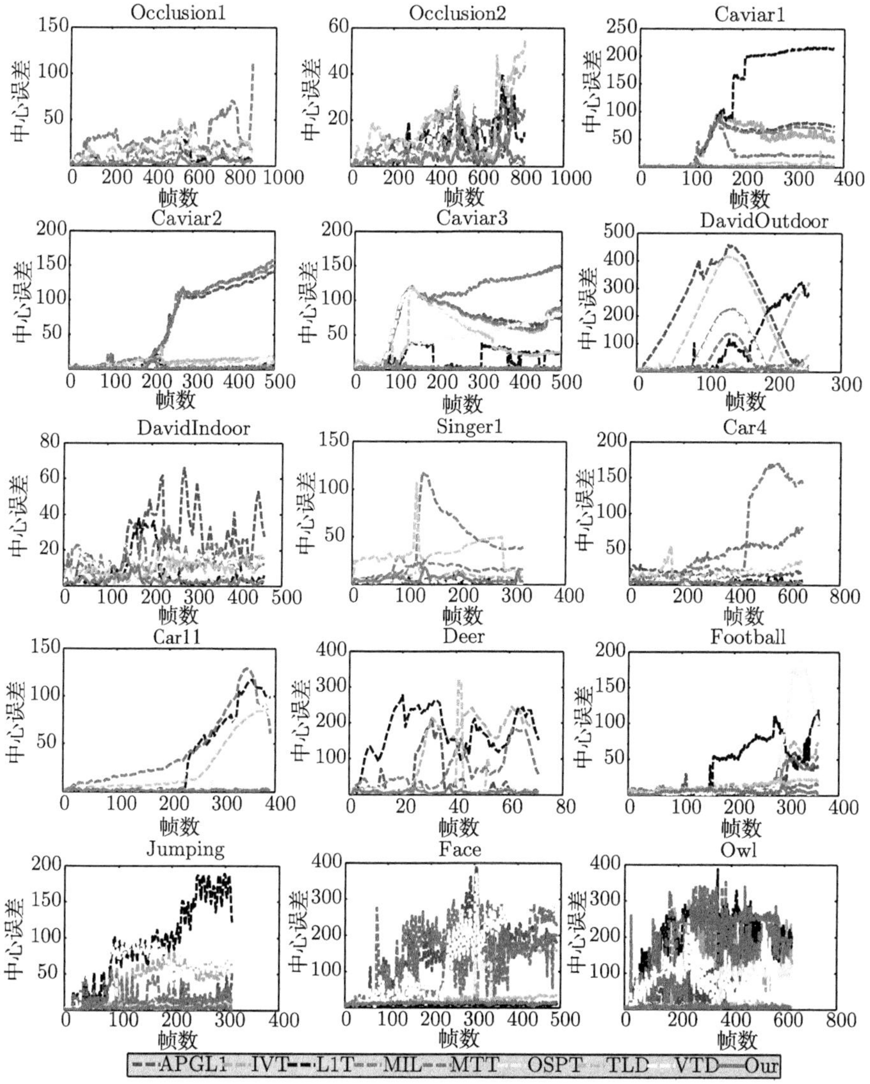

图 8.14 不同算法的中心误差曲线图 (后附彩图)

8.5.3 适用范围

本章提出算法将在稀疏原型外观模型设计的基础上, 将拓展到多任务框架下实现跟踪, 在选取的 16 个挑战性视频上的测试结果显示, 仅有两个视频的跟踪结果提出的算法稍微弱于 OSPT 算法, 其他的视频上均获得优于 OSPT 算法的性能. 这主要因为提出的算法能够充分挖掘各子任务, 即基向量之间的相互潜在关系, 同时依据它们之间的共享信息和差异性信息优化获得稀疏参数, 最终使得外观模型获得更加鲁棒的目标描述能力, 提高了算法的持续性跟踪能力. 本章提出的算法能够在目标经历严重部分遮挡、强烈光线变化、相似目标干扰和运动模糊等挑战性问题时, 仍能够获得好的跟踪效果.

8.6 小　　结

本章提出一种新的基于稀疏原型的视频持续性跟踪算法, 为了提高基于稀疏子空间外观模型的目标表示能力, 我们在多任务学习框架下通过充分利用 PCA 基向量间的相关关系以拓展经典的 OSPT 算法. 另外, 为了分享基向量间的共性特征, 组群稀疏约束被施加在其稀疏矩阵上. 同时, 为了考虑目标观测间的差异性特征, 逐元素稀疏约束被施加在误差矩阵上. 最后, 采用 APG 算法求解最优化问题, 以确定最佳的多任务稀疏原型外观模型, 这种局部性和全局性的结构正则化形式能促进有效的视频跟踪, 与 8 种典型跟踪算法相比, 我们的方法具有很好的应用前景. 未来, 我们将从算法的运行效率、样本的有效选择机制和目标跟踪的持续性等方面进一步对目标持续性跟踪算法进行研究.

参 考 文 献

[1] Breton E, Bouillon A, Gachet R. Pre-Flight and In-Flight Geometric Calibration of SPOT5 HRG and HRS Images. Proceedings of the ISPRS Symposium, Denver, 2005.

[2] 杨元喜. 北斗卫星导航系统的进展、贡献与挑战. 测绘学报, 2010, 39(1): 1-6.

[3] 周巍. 北斗卫星导航系统精密定位理论方法研究与实现. 郑州: 解放军信息工程大学, 2013.

[4] 李元凯. 空间非合作目标自主随动跟踪与控制研究. 上海: 上海交通大学, 2010.

[5] 饶启龙. 航天测控技术及其发展方向. 信息通信技术, 2011, (3): 22-24.

[6] Huang K, Tan T. Vs-star: A visual interpretation system for visual surveillance. Pattern Recognition Letters, 2010, 31(14): 2265-2285.

[7] Cucchiara R, Grana C, Piccardi M, et al. Detecting moving objects, ghosts and shadows in video streams. IEEE Transactions on Pattern Analysis and Machine Intelligence, 2003, 25(10): 1337-1342.

[8] Hampapur A, Brown L, Cornell J, et al. Smart video surveillance: exploring the concept of multi scale spatiotemporal tracking. In Signal Processing Magazine, DEEE, 2005, 22(2): 38-51.

[9] Javed O, Shafique K, Shah M, et al. Appearance modeling for tracking in multiple non-overlapping cameras. IEEE Computer Society Conference on Computer Vision and Pattern Recognition, 2005, 2: 26-33.

[10] Cai Y, Medioni G, Dinh T B. Towards a Practical PTZ Face Detection and Tracking System. 2013 IEEE Workshop on Applications of Computer Vision (WACV), 2013: 31-38.

[11] Taylor C, Rahimi A, Bachrach J, et al. Simultaneous localization, calibration, and tracking in an ad hoc sensor network. Proceedings of the 5th International Conference on Information Processing in Sensor Networks. ACM, 2006: 27-33.

[12] Sui Y, Zhao X L, Zhang S L, et al. Self-expressive tracking. Pattern Recognition, 2015, 48(9): 2872-2884.

[13] Zhang H L, Hu S Q, Zhang X Y, et al. Visual tracking via constrained incremental non-negative matrix factorization. IEEE Signal Processing Letters, 2015, 22(9): 1350-1353.

[14] 刘荣利. 基于统计学习的视频目标跟踪算法研究. 上海: 上海交通大学, 2014.

[15] Bai X, Rao C, Wang X. Shape vocabulary: A robust and efficient shape representation for shape matching. IEEE Transactions on Image Processing (TIP), 2014, 23(9): 3935-3949.

[16] Hu W, Tan T, Wang L, et al. A survey on visual surveillance of object motion and

behaviors. IEEE Transactions on Systems, Man, and Cybernetics, Part C: Applications and Reviews, 2004, 34(3): 334-352.

[17] 孔晓东. 智能视频监控技术研究. 上海: 上海交通大学, 2008.

[18] 中国安防行业 “十二五”(2011~2015 年) 发展规划. 中国安防, 2011, 49(3): 2-9.

[19] 王素玉, 沈兰荪. 智能视觉监控技术研究进展. 中国图象图形学报, 2007, 12(009): 1505-1514.

[20] Zhu Z, Xu G, Yang B, et al. Visatram: A real-time vision system for automatic traffic monitoring. Image and Vision Computing, 2000, 18 (10): 781-794.

[21] Tai J, Tsang S, Lin C, et al. Real-time image tracking for automatic traffic monitoring and enforcement application. Image and Vision Computing, 2004, 22(6): 485-501.

[22] Rios-Cabrera R, Tuytelaars T, Gool L J V. Efficient multi-camera vehicle detection, tracking, and identification in a tunnel surveillance application. Computer Vision and Image Understanding, 2012, 116(6): 742-753.

[23] 崔雨勇. 智能交通监控中运动目标检测与跟踪算法研究. 武汉: 华中科技大学空间信息科学与技术, 2012.

[24] Leitloff J, Hinz S, Stilla U. Automatic vehicle detection in space images supported by digital map data. CMRT05, Vienna, Austria, 2005: 75-80.

[25] 徐春. 基于遥感图像的交通信息提取研究与实现. 北京：清华大学, 2008.

[26] 徐华欣. 基于遥感图像的目标检测与运动目标跟踪. 西安：西安电子科技大学, 2014.

[27] Huang M L.Intersection traffic flow forecasting based on v-GSVR with a new hybrid evolutionary algorithm. Neurocomputing, 2015, 147: 343-349.

[28] Huang W, Song G,Hong H, et al. Deep architecture for traffic flow prediction:deep belief networks with multitask learning.IEEE Transactions on intelligent Transportation Systems, 2014, 15(5): 2191-2201.

[29] Bonin-Font F, Ortiz A, Oliver G. Visual navigation for mobile robots: A survey. Journal of Intelligent and Robotic Systems, 2008, 53(3): 263-296.

[30] Nickel K, Stiefelhagen R. Real-time person tracking and pointing gesture recognition for human-robot interaction. Lecture Notes in Computer Science, 2004, 3058: 28-38.

[31] 张鑫, 闫茂德, 刘玉东, 等. 未知环境下基于禁忌搜索的移动机器人自主导航. 2010 年中国控制会议 (CCC2010), 2010: 369-372.

[32] Song K T, Chen W J. Face recognition and tracking for human-robot interaction. Proceedings of IEEE International Conference on Systems, Man and Cybernetics, 2004, 3: 2877-2882.

[33] Dufour A, Shinin V, Tajbakhsh S, et al. Segmenting and tracking fluorescent cells in dynamic 3-D microscopy with coupled active surfaces. Image Processing IEEE Transactions on, 2005, 14(9): 1396-1410.

[34] Yang X D, Li H Q, Zhou X B. Nuclei segmentation using marker-controlled wstershed, tracking using mean-shift, and klman filter in time-lapse microscopy. IEEE Transactions

on Circuits and Systems. Regular Papers, 2006, 53(11): 2405-2414.

[35] Padfield D, Rittscher J, Roysam B. Coupled Minium-Cost Flow Cell Tracking. IPMI. 2009, LNCS 5636: 374-385.

[36] 姚秀娟, 彭晓乐, 张永科. 几种精确制导技术简述. 激光与红外, 2006, 36(5): 338-340.

[37] Park S, Deysty J, Howz J P. A new nonlinear guidance logic for trajectory tracking. AIAA-2004-4900, 2004.

[38] 刘阳, 仲秦, 阎杰. 红外成像型空空导弹目标自动识别技术. 火力与指挥控制, 2009, 34(10): 136-138.

[39] 张丽. 军事运动目标的识别及跟踪方法研究. 沈阳: 东北大学, 2009.

[40] 赵旭东, 刘鹏, 唐降龙, 等. 一种适应户外光照变化的背景建模及目标检测方法. 自动化学报, 2011, 37(8): 915-922.

[41] Gelgon M, Bouthemy P, Le Cadre J P. Recovery of the trajectories of multiple moving objects in an image sequence with a PMHT approach. Image and Vision Computing, 2005, 23(1): 19-31.

[42] Kreucher C M, Kastella K D, Hero A O. Tracking multiple targets using a particle filter representation of the joint multitarget probability density. Proceedings of SPIE, 2003, 5204: 258-269.

[43] Song H, Shi F. A real-time algorithm for moving objects detection in video images. IEEE, 2004, 4105: 4108-4111.

[44] Thakoor N, Gao J. Automatic video object shape extraction and its classification with camera in motion. Image Processing, 2005 ICIP 2005 IEEE International Conference on, 2005: III-437-440.

[45] Baro X, Escalera S, Vitrio J, et al. Traffic sign recognition using evolutionary adaboost detection and forest-ECOC classification. Intelligent Transportation Systems, IEEE Transactions on, 2009, 10(1): 113-126.

[46] Dalal N, Triggs B. Histograms of oriented gradients for human detection. Computer Vision and Pattern Recognition, 2005 CVPR, 2005: 1213-1218.

[47] Uraikul V, Chan C W, Tontiwachwuthikul P. Artificial intelligence for monitoring and supervisory control of process systems. Engineering Applications of Artificial Intelligence, 2007, 20(2): 115-131.

[48] Crandall J W, Cummings M L. Developing performance metrics for the supervisory control of multiple robots//Proceedings of the ACM/IEEE International Conference on Human-Robot Interaction. ACM, 2007: 33-40.

[49] Pérez P, Hue C, Vermaak J, et al. Color-based probabilistic tracking// Proc of European Conf on Computer Vision. Berlin: Springer, 2002: 661-675.

[50] Zhao Q, Tao H. Object tracking using color correlogram// Proc of 2nd Joint IEEE Int Workshop on VS-PETS. Los Alamitos. IEEE Computer Society, 2005: 263-270.

[51] Leichter I, Lindenbaum M, Rivlin E. Mean shift tracking with multiple reference color histograms. Computer Vision and Image Understanding, 2010, 114(3): 400-408.

[52] Zhou H, Yuan Y, Shi C. Object tracking using SIFT features and mean shift. Computer Vision and Image Understanding, 2009, 113(3): 345-352.

[53] Song Y, Li C, Wang L, et al. Robust visual tracking using structural region hierarchy and graph matching. Neurocomputing, 2012, 89(7): 12-20.

[54] Miao Q, Wang G, Shi C, et al. A new framework for on-line object tracking based on SURF. Pattern Recognition Letters, 2011, 32(13): 1564-1571.

[55] Choi H, Oh S. Robust segment-based object tracking using generalized hyperplane approximation. Pattern Recognition, 2012, 45(8): 2980-2991.

[56] Viola P, Jones M. Rapid object detection using a boosted cascade of simple features//Proc of IEEE Computer Vision and Pattern Recognition, vol. 1. Los Alamitos. IEEE Computer Society, 2001: 511-518.

[57] Sivaraman S, Mohan M. A general active-learning framework for on-road vehicle recognition and tracking. IEEE Trans on Int Transportation Systems, 2010, 11(2): 267-276.

[58] Santner J, Leistner C, Saffari A, et al. Prost: Parallel robust online simple tracking//Proc of IEEE Computer Vision and Pattern Recognition. Los Alamitos. IEEE Computer Society, 2010: 723-730.

[59] Song H, Wang Y. Real-time local texture feature target tracking method//Proc of Int Congress on Image and Signal Processing, vol 1. Los Alamitos. IEEE Computer Society, 2011: 419-422.

[60] Tong M, Han H, Lei J. Efficient visual tracking by using LBP descriptor//Proc of Artificial Intelligence and Computational Intelligence. Berlin: Springer, 2012: 391-399.

[61] Wang H, Ullah M, Klaser A, et al. Evaluation of local spatio-temporal features for action recognition//BMVC, 2009.

[62] Oron S, Bar-Hillel A, Levi D, et al. Locally orderless tracking//CVPR, 2012: 1940-1947.

[63] Sevilla-Lara L, Learned-Miller E. Distribution fields for tracking//CVPR, 2012: 1910-1917.

[64] Wang Q, Chen F, Xu W. Adaptive multi-cue tracking by online appearance learning. Neurocomputing, 2011, 74(6): 1035–1045.

[65] Wang Y, Tang X, Cui Q. Dynamic appearance model for particle filter based visual tracking. Pattern Recognition, 2012, 45(12): 4510-4523.

[66] 刘晨光, 刘家锋, 黄剑华, 等. 基于多特征融合的分块采样粒子滤波算法在人体姿态跟踪中的应用. 计算机研究与发展, 2011, 48(12): 2359-2368.

[67] Tuzel O, Porikli F, Meer P. Region covariance: A fast descriptor for detection and classification//LNCS 3952: Proc of European Conf on Computer Vision. Berlin: Springer, 2006: 589-600.

[68] Wu Y, Cheng J, Wang J, et al. Real-time probabilistic covariance tracking with efficient model update. IEEE Trans on Image Processing, 2012, 21(5): 2824-2838.

[69] Hong X, Chang H, Shan S, et al. Sigma set: A small second orderstatistical region descriptor// Proc of IEEE Computer Vision and Pattern Recognition. Los Alamitos. IEEE Computer Society, 2009: 1802-1809.

[70] Hong X, Chang H, Shan S, et al. Sigma set based implicit online learning for object tracking. IEEE Signal Processing Letters, 2010, 17(9): 807-810.

[71] Grabner H, Bischof H. On-line boosting and vision//Proc of IEEE Computer Vision and Pattern Recognition, vol 1. Los Alamitos. IEEE Computer Society, 2006: 260-267.

[72] Stalder S, Grabner H, Van G. Beyond semi-supervised tracking: Tracking should be as simple as detection, but not simpler than recognition//Proc of IEEE Int Conf on Computer Vision. Los Alamitos. IEEE Computer Society, 2009: 1409-1416.

[73] Boykov Y, Huttenlocher D. Adaptive Bayesian recognition in tracking rigid objects. Proceedings of IEEE Conference on Computer Vision and Pattern Recognition, 2000: 697-704.

[74] Rosales R, Sclaroff S. 3D trajectory recovery for tracking multiple objects and trajectory guided recognition of actions. Proceedings of IEEE Conference on Computer Vision and Pattern Recognition, 1999: 117-123.

[75] Meuter M, Iurgel U, Park S B, et al. The unscented Kalman filter for pedestrian tracking from a moving host. IEEE Intelligent Vehicles Symposium Eindhoven University of Technology, 2008, (6): 37-42.

[76] 张焕龙, 胡士强. 基于稀疏外观模型学习的目标持续性跟踪算法研究. 上海: 上海交通大学, 2015.

[77] Yu T, Wu Y. Differential tracking based on spatial-appearance model (SAM). Proceedings of IEEE Computer Vision and Pattern Recognition, 2006, 1: 720-727.

[78] Han B, Davis L. On-line density-based appearance modeling for object tracking// Proc of IEEE Int Conf on Computer Vision, vol 2. Los Alamitos. IEEE Computer Society, 2005: 1492-1499.

[79] Wang H, Suter D, Schindler K, et al. Adaptive object tracking based on an effective appearance filter. IEEE Trans on Pattern Analysis and Machine Intelligence, 2007, 29(9): 1661-1667.

[80] Ho J, Lee K, Yang M, et al. Visual tracking using learned linear subspaces//Proc of IEEE Computer Vision and Pattern Recognition. vol 1. Los Alamitos. IEEE Computer Society, 2004: 1-8.

[81] Ross D, Lim J, Yang M. Adaptive probabilistic visual tracking with incremental subspace update//LNCS 3022: Proc of European Conf on Computer Vision. Berlin: Springer, 2004: 470-482.

[82] Li X, Hu W, Zhang Z, et al. Robust visual tracking based on an effective appearance

model//LNCS 5305: Proc of European Conf on Computer Vision. Berlin: Springer, 2008: 396-408.

[83] 仝小敏, 张艳宁, 杨涛. 基于增量子空间自适应决策的目标跟踪. 自动化学报, 2011, 37(12): 1483-1495.

[84] Li X, Hu W, Zhang Z, et al. Robust visual tracking based on incremental tensor subspace learning//Proc of IEEE Int Conf on Computer Vision. Los Alamitos. IEEE Computer Society, 2007: 1-8.

[85] 温静, 李洁, 高新波. 基于增量张量子空间学习的自适应目标跟踪. 电子学报, 2009, 37(7): 1618-1623.

[86] Wen J, Gao X. Incremental learning of weighted tensor subspace for visual tracking// Proc of System Man and Cybernetics. Los Alamitos. IEEE Computer Society, 2009: 3688-3693.

[87] Kwon J, Lee K. Visual tracking decomposition//Proc of IEEE Computer Vision and Pattern Recognition. Los Alamitos. IEEE Computer Society, 2010: 1269-1276.

[88] Lim H, Morariu V, Camps O, et al. Dynamic appearance modeling for human tracking//Proc of IEEE Computer Vision and Pattern Recognition, vol 1. Los Alamitos. IEEE Computer Society, 2006: 751-757.

[89] Zhang T Z, Liu S, Xu C S, et al. Structural sparse tracking//CVPR, 2015.

[90] Liu B, Yang L, Huang J, et al. Robust and fast collaborative tracking with two stage sparse optimization//ECCV, 2010.

[91] Mei X, Ling H. Robust visual tracking and vehicle classification via sparse representation. TPAMI, 2011, 33(11): 2259-2272.

[92] Mei X, Ling H, Wu Y, et al. Minimum error bounded efficient l1 tracker with occlusion detection//CVPR, 2011.

[93] Li H, Shen C, Shi Q. Real-time visual tracking with compressed sensing//CVPR, 2011.

[94] Zhang K, Zhang L, Yang M H. Real-time compressive tracking//ECCV, 2012.

[95] Jia X, Lu H, Yang M H. Visual tracking via adaptive structural local sparse appearance model//CVPR, 2012. B.

[96] Liu B, Huang J, Kulikowski C, et al. Robust visual tracking using local sparse appearance model and K-selection. IEEE Transactions on Pattern Analysis and Machine Intelligence, 2013, 35(12): 2968-2981.

[97] Zhang H L, Hu S Q, Yu J Y. Visual tracking via robust multi-task sparse prototypes. J. Electron. Imaging, 2015, 24(2): 023-025 .

[98] Zhang T, Ghanem B, Liu S, et al. Low-rank sparse learning for robust visual tracking//ECCV, 2012.

[99] Zhang T, Ghanem B, Liu S, et al. Robust visual tracking via multi-task sparse learning. In CVPR, 2012.

[100] Avidan S. Support vector tracking. IEEE Trans on Pattern Analysis and Machine Intelligence, 2001, 26(8): 73-77.

[101] Tian M, Zhang W, Liu F. On-line ensemble SVM for robust object tracking// LNCS 4843: Proc of Asian Conf of Computer Vision. Berlin: Springer, 2007: 355-364.

[102] Zhang J, Liu K, Cheng F, et al. Scale adaptive visual tracking with latent SVM. Electronics Letters, 2014, 50(25): 1933-1934.

[103] Nguyen H, Smeulders A. Robust tracking using foreground-background texture discrimination. Int Journal of Computer Vision, 2006, 69(3): 277-293.

[104] Li G, Liang D, Huang Q, et al. Object tracking using incremental 2d-lda learning and Bayes inference//Proc of Int Conf on Image Processing. Los Alamitos. IEEE Computer Society, 2008: 1568-1571.

[105] Mahadevan V, Vasconcelos N. Automatic initialization and tracking using attentional mechanisms//Proc of IEEE Computer Vision and Pattern Recognition. Los Alamitos. IEEE Computer Society, 2011: 15-20.

[106] Grabner H, Grabner M, Bischof H. Real-time tracking via online boosting//Proc of British Machine Vision Conf, vol 1. Malvern UK: British Machine Vision Association Press, 2006: 47-56.

[107] Grabner H, Sochmanetal J. Training sequential on-line boosting classifier for visual tracking//Proc of Int Conf on Pattern Recognition. Los Alamitos. IEEE Computer Society, 2008: 1-4.

[108] Parag T, Porikli F, Elgammal A. Boosting adaptive linear weak classifiers for online learning and tracking//Proc of IEEE Computer Vision and Pattern Recognition. Los Alamitos. IEEE Computer Society, 2008: 1-8.

[109] Wang X, Gang H, Han T. Discriminative tracking by metric learning//LNCS 6313: Proc of European Conf on Computer Vision. Berlin: Springer, 2010: 200-214.

[110] Cong Y, Yuan J, Tang Y. Object tracking via online metric learning//Proc of IEEE Int Conf on Computer Vision. Los Alamitos. IEEE Computer Society, 2012: 417-420.

[111] Jiang N, Liu W, Wu Y. Order determination and sparsity-regularized metric learning for adaptive visual tracking//Proc of IEEE Computer Vision and Pattern Recognition. Los Alamitos. IEEE Computer Society, 2012: 1956-1963.

[112] Olshausen B A, Field D J. Emergence of simple-cell receptive field properties by learning a sparse code for natural images.Nature, 1996, 381 (6583): 607-609

[113] Candes E J. Ridgelets: theory and applications. Ph.D dissertation, Stanford University, Stanford, CA, 1998.

[114] Mallat S G, Zhang Z F. Matching pursuits with time-frequency dictionaries. Signal Processing, IEEE Transactions on, 1993, 41(12): 3397-3415.

[115] Chen S B, Donoho D. Basis pursuit in signals, systems and computers. Conference Record of the Twenty-Eighth Asilomar Conference on, 1994: 41-44.

[116] Petrushev P P, Cohen A, Xu H, et al. Nonlinear approximation and the space Bv. American Journal of Mathematics, 1999, 121(3): 587-628.

[117] Natarajan B K. Sparse approximate solutions to linear systems. SIAM J Comput, 1995, 24(2): 227-234.

[118] Tropp J, Gilbert A. Signal recovery from random measurements via orthogonal matching pursuit. IEEE Transaction on Information Theory, 2007, 53(12): 4655-4666.

[119] Needell D, Vershynin R. Uniform uncertainty principle and signal recovery from incomplete and inaccurate measurements via regularized orthogonal matching pursuit. Foundations of Computational Mathematics, 2009, 9(3): 317-334.

[120] Dai W, Milenkovic O. Subspace pursuit for compressive sensing signal reconstruction. IEEE Transactions on Information Theory, 2009, 55(5): 2230-2249.

[121] 易照华等. 天体力学引论. 北京：科学出版社, 1978.

[122] Inglis S J. 行星恒星星系. 北京：科学出版社, 1979.

[123] 王佚, 于相慧, 赵明晶, 等. 人造卫星轨道要素的计算. 吉林地质, 1999, 18(2): 66-72.

[124] 张斌, 朱正中, 葛成辉, 等. NOAA AVHRR 数据的高精度导航定位. 遥感学报, 1999, 3(4): 259-267.

[125] 袁建平, 罗建军, 岳晓奎, 等. 卫星导航原理与应用. 北京：中国宇航出版社, 2004.

[126] Grewal M S, Weill L R, Andrews A P. Global Positioning Systems. Inertial Navigation, and It's Integration. Weley Press, 2000.

[127] Carlson N A, Berarardducci M P. Federated kalman filter simulation results. Navigation, 1994, 41(3): 297-322.

[128] Stephen J, Lachapelle G. Development of precision Pointing System using an Integrated Multi-sensor Approach. ION NTM2000, Anaheim, CA, January, 2000: 25-28.

[129] Copps E M, Geier G J, Fidler W C, et al. Optimal processing of GPS signals. Navigation, 1980, 27(3): 171-182.

[130] Burden R L, Faires J D. Numerical analysis(seventh Edition). 北京：高等教育出版社, 2001.

[131] 何友, 王国宏, 陆大绢, 等. 多传感器信息融合及应用. 北京：电子工业出版社, 2000.

[132] 孙仲康, 周一宇, 何黎星. 单多基地有源无源定位技术. 北京：国防工业出版社, 1996.

[133] 干国强, 邱致和. 导航与定位 – 现代战争的北斗星. 北京：国防工业出版社, 2000.

[134] 宗振铎. 一种简易而实用的 GPS 星座选择方法. 北京: 中国宇航出版社, 1987.

[135] 袁孝康. 星载合成孔径雷达导论. 北京: 国防工业出版社, 2003.

[136] Albrycht J, Wisniewski H. Proceedings Polish Symposium on Interval and Fuzzy Mathematics. Poznan', Poland, 1983.

[137] Turksen I B, Yao D D. Representation of connectives in fuzzy reasoning: The view through normal forms. IEEE Trans. Systems, Man and Cybernetics, 1984, 14: 146-151.

[138] 曾文艺, 于福生, 李洪兴. 区间值模糊推理. 模糊系统与数学, 2007, 21(1): 68-74.

[139] Elhassanein A. On the control of forced process feedback nonlinear autoregressive model. Journal of Computational and Theoretical Nanoscience, 2015, 12(2): 1519-1526.

[140] Rehak B. Large-Scale systems control design via LMI optimization. Information Technology and Control, 2015, 44(3): 247-253.

[141] Chiarelli P. The relativistic quantum hydrodynamic representation of klein-gordon equation. Quantum Matter, 2016, 5(3): 78-84.

[142] Yager R R. Families of OWA operators. Fuzzy Sets and Systems, 1993, 59: 125-148.

[143] Long Z , Younan N H. Multiscale texture segmentation via a contourlet contextual hidden Markov model. Digital Signal Processing, 2013, 23(3): 859-869.

[144] Inyang U G, Akinyokun O C. A hybrid knowledge discovery system for oil spillage risks pattern classification. Journal of Artificial Intelligence Research, 2014, 3(4): 77-86.

[145] Deschrijver G. On the relationship between some extensions of fuzzy set theory. Fuzzy Sets and Systems, 2003, 133: 227-235.

[146] Zeng W, Li H. Relationship between similarity measure and entropy of interval valued fuzzy sets. Elsevier North-Holland, Inc., 2006, 157(11): 1477-1484.

[147] 孙晓玲, 王宁. 基于 OWA 算子的区间值加权模糊推理. 计算机工程与应用, 2012, 48(10): 156-159.

[148] 柳毅, 高晓光, 卢广山, 等. 基于 OWA 算子的加权属性信息融合. 仪器仪表学报, 2006, 27(3): 322-325.

[149] 王煜, 徐泽水. OWA 算子赋权新方法. 数学的实践与认识, 2008, 38(3): 51-60.

[150] Xie X Z, Wu J T, Jing M G. Fast two-stage segmentation via non-local active contours in multiscale texture feature space. Pattern Recognition Letters, 2013, 34(11): 1230-1239.

[151] Gonçalves W N, Bruno O M. Dynamic texture analysis and segmentation using deterministic partially self-avoiding walks. Expert Systems with Applications, 2013, 4(11): 4283-4300.

[152] Chen C L P, Li H, Wei Y T, et al. A local contrast method for small infrared target detection. IEEE Transactions on Geoscience and Remote Sensing, 2014, 52(1): 574-581.

[153] Malanowski M, Kulpa K. Detection of moving targets with continuouswave noise radar: theory and measurements. IEEE Transactions on Geoscience and Remote Sensing, 2012, 50(9): 3502-3509.

[154] 俞建成, 孙胜利, 陈桂林. 红外图像中弱小目标检测研究. 红外, 2006, 27 (4): 15-19.

[155] Wang G D, Chen C Y, Shen X B. Facet-based infrared small target detection method. Electronics Letters, 2005, 41(22): 1244-1246.

[156] 郑文龙, 张涌, 汤心溢, 等. 复杂背景下红外弱小目标实时识别方法研究. 红外与毫米波学报, 2001, 20(6): 433-436.

[157] 张兵, 卢焕章. 云杂波背景图像序列中弱小目标检测算法研究. 红外技术, 2004, 26(6): 66-71.

[158] 叶海军. 基于 Top-Hat 变换和四叉树分解理论的 SAR 图像目标检测方法. 现代电子技术, 2013, 36(3): 30-33.

[159] 谷稳稳, 刘建国. 改进的膨胀算法在红外图像弱小目标检测. 中国科技论文在线, 2013.

[160] 王超, 谭礼平, 刘景雷, 等. Elman 神经网络在红外小目标检测中的应用. 红外, 2007, 28(1): 18-22.

[161] Lo E H S, Pickering M R, Frater M R, et al. Image segmentation from scale and rotation invariant texture features from the double dyadic dual-tree complex wavelet transform. Image and Vision Computing, 2011, 29(1): 15-28.

[162] Arivazhagan S, Ganesan L. Automatic target detection using wavelet transform. EURASIP Journal on Applied Processing, 2004, 14(17): 2663-2674.

[163] Denney B S, de Figueiredo R J P. Optimal point target detection using adaptive auto regressive background prediction. Signal and Data Processing of Small Targets. SPIE, 2000, 40(48): 46-57.

[164] Yu Y, Mann G, Gosine R. A goal-directed visual perception system using object-based top–down attention. IEEE Transactions on Autonomous Mental Development, 2012, 4(1): 87-103.

[165] Duan H, Deng Y, Wang X, et al. Small and dim target detection via lateral inhibition filtering and artificial bee colony based selective visual attention. PLoS ONE, 2013, 8(8): 1-12.

[166] 王暕来, 杨春玲, 戴景民, 等. 基于 GLRT 的红外多光谱弱小运动目标检测. 红外与毫米波学报, 2011, 30(2): 149-155.

[167] Pan X, Ruan Q Q. Palmprint recognition using Gabor-based local invariant features. Neurocomputing, 2009, 72(7): 2040-2045.

[168] Li W, Zhang D, Xu Z. Palmprint identification based on Fourier transform. Journal of Software, 2002, 13(5): 95-97.

[169] Jaeger G, Simon D, Sergienko A V. Implications of disentanglement and locality induction for quantum information processing and cryptography. Quantum Matter, 2013, 8(3): 375-382.

[170] Ross D A, Lim J, Lin R S, et al. Incremental learning for robust visual tracking. Int Journal Computer Vision, 2008, 77 (1): 125-141.

[171] Wang T, Gu I Y H, Shi P. Object tracking using incremental 2D-PCA learning and ML estimation. IEEE Int. Conf. on Acoustics, 2007, 1: 933-936.

[172] Zhang L H, Hu S Q, Luo L K, et al. Object tracking using 2DLPP manifold learning//Int. Conf. Information Fusion, 2014.

[173] Lin C J. On the convergence of multiplicative update algorithms fornon-negative matrix factorization. IEEE Trans. Neural Netw, 2007, 18(6): 1589-1596.

[174] Cai D, He X, Han J, et al. Graph regularized non-negative matrix factorization for data representation. IEEE Trans. Patt. Anal. Mach. Intell., 2011, 33(8): 1548-1560.

[175] Guan N, Tao D, Luo Z, et al. Online non-negative matrix factorization with robust stochastic approximation. IEEE Trans. Neural Netw. Learn., 2012, 23(7): 1087-1099.

[176] Zhou G, Yang Z, Xie S, et al. Online blind source separationusing incremental non-negative matrix factorization with volume constraint. IEEE Trans. Neural Netw., 2011, 22(4): 550-560.

[177] Qian C, Zhuang Y, Xu Z. Visual tracking with structural appearance model based on extended incremental non-negative matrix factorization. Neurocomputing, 2014, 136: 327-336.

[178] Wang D, Lu H, Yang M H. Online object tracking with sparse prototypes. IEEE Trans. Trans. Image Process., 2013, 22(1): 314-325.

[179] Wu Y, Shen B, Ling H B. Visual tracking via online non-negative matrix factorization. IEEE Trans. Circuits Syst. Video Technol., 2014, 24(3): 374-383.

[180] Lee D D, Seung H S. Learning the parts of objexts by non-negative matrix factorization. Nature, 1999, 401(6755): 788-791.

[181] Bucak S S, Gunsel B. Incremental subspace learning via non-negative matrix factorization. Patt. Recognit. , 2009, 42(5): 788-797.

[182] Tibshirani R. Regression shrinkage and selection via the lasso. J. Roy. Statist. Soc. B, 1996, 67: 267-288.

[183] Babenko B, Yang M, Belongie S. Robust object tracking with online multiple instance learning. IEEE Trans on Pattern Analysis and Machine Intelligence, 2011, 33(8): 1619-1632.

[184] Zdenek K, Mikolajczyk K, Matas J. Tracking-learning-detection. IEEE Trans on Pattern Analysis and Machine Intelligence, 2012, 29(1): 1409-1422.

[185] Bao C, Wu Y, Ling H, et al. Real time robust tracker using accelerated proximal gradient approach//CVPR, 2009.

[186] Hu H W, Ma B, Jia Y D. Multi-task l_0 gradient minimization for visual tracking. Neurocomping, 2015, 154: 41-49.

[187] Lan X, Ma A J, Yuen P C. Multi-Cue visual tracking using robust feature-level fusion based on joint sparse representation//conference on computer vision and pattern recognition, 2014.

[188] Fan B J, Cong Y, Du Y K. Discriminative multi-task objects tracking with active feature selection and drift correction. Pattern Recognit, 2014, 47(12): 3828-3840.

[189] Cheng X, Li N J, Zhou T C, et al. Object tracking via collaborative multi-task learning and appearance model updating. Applied Soft Computing, 2015, 31: 81-90.

[190] Bai Y C, Tang M. Object tracking via robust multitask sparse representation. IEEE Signal Process. Lett. 2014, 21(8): 909-913.

[191] Hong Z, Mei X, Prokhorov D, et al. Tracking via Robust multi-task multi-view joint sparse representation// IEEE Int. Conf. on Computer Vision, 2014: 649-656.

[192] Caruana R. Multi-Task Learning. School of Computer Science Carnegie Mellon University Pittsburgh, 1997: 5-50.

[193] Argyriou A, Evgeniou T. Multi-task feature learning. In Advances in Neural Information Processing Systems, 2006, 19: 41.

[194] Evgeniou T, Pontil M. Regularized multi-task learning. Proceeding of the 10th ACM SIGKDD International Conference on Knowledge Discovery and Data Mining, 2004: 109-117.

[195] Liu Q H, Liao X J, Carin L. Semi-supervised multitask learning. IEEE Transactions on Pattern Analysis and Machine Intelligence, 2009, 31(6): 1074-1086.

[196] Kato T, Kashima H, Sugiyama M, et al. Multi–task learning via conic programming. Proceedings of the 22nd Conference Neural Information Processing System, 2008, 20: 737-744.

[197] Zhou J, Chen J, Ye J. Clustered multi-task learning via alternating structure optimization. Advances in Neural Information Processing Systems, 2011: 702-710.

[198] Jacob L, Obozinski G, Vert J P. Group lasso with overlap and graph lasso. Proceedings of the 26th Annual International Conference on Machine Learning, ACM, 2009: 433-440.

[199] Negahban S, Wainwright M J. Joint support recovery under high-dimensional scaling: Benefits and perils of 11, inf-regularization. Advances in Neural Information Processing Systems, 2008.

[200] Pong T K, Tseng P, Ji S. Trace norm regularization: reformulations, algorithms, and multi-task learning. SIAM Journal on Optimization, 2010, 20(6): 3456-3489.

[201] Jalali A, Ravikumar P D, Sanghavi S, et al. A dirty model for multi-task learning//in 24th Annual Conf. on Neural Information Processing Systems. Curran Associates, Vancouver, Canada, 2010, 28(1): 964-972.

[202] Tseng P. On accelerated proximal gradient methods for convex concave optimization. SIAM Journal on Optimization. submitted, 2008.

[203] Nesterov Y . Gradient Methods for Minimizing Composite Objective Function. Technical Report. Center for Operations Research and Econometrics (CORE), Catholic University of Louvain, Belgium, 2007.

彩　　图

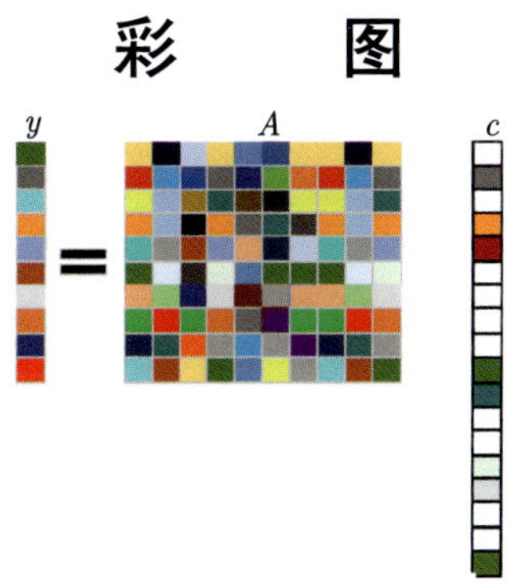

图 1.5　图像稀疏表示示意图

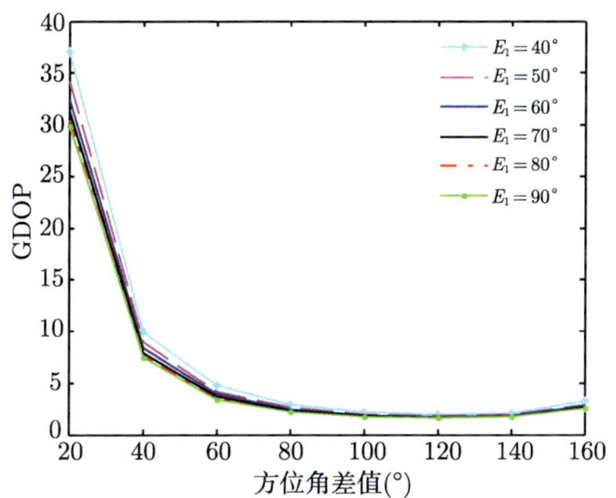

图 4.5　GDOP 与底座星方位角差值间的关系

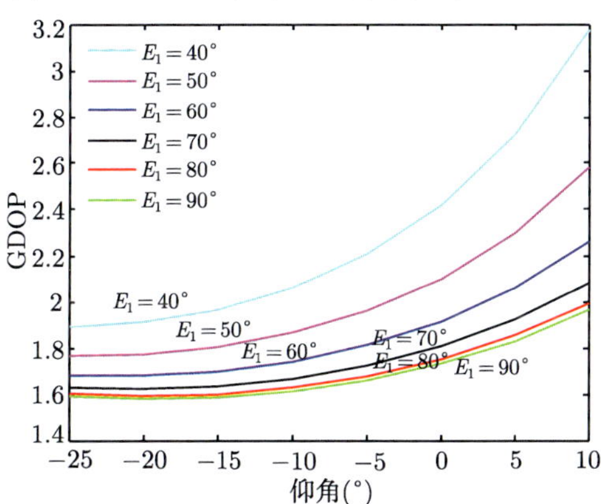

图 4.6　GDOP 与底座星仰角间的关系

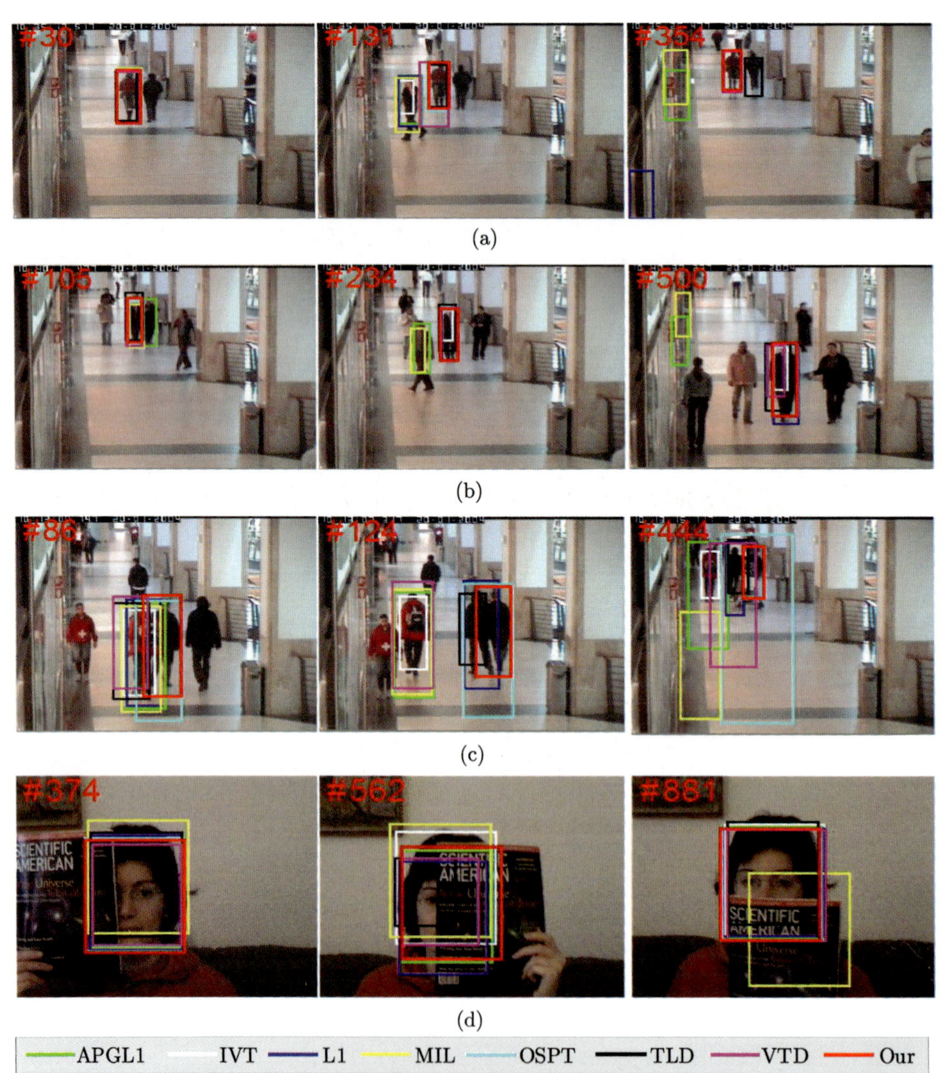

图 7.4　不同跟踪算法在挑战性图像序列上的定性评估

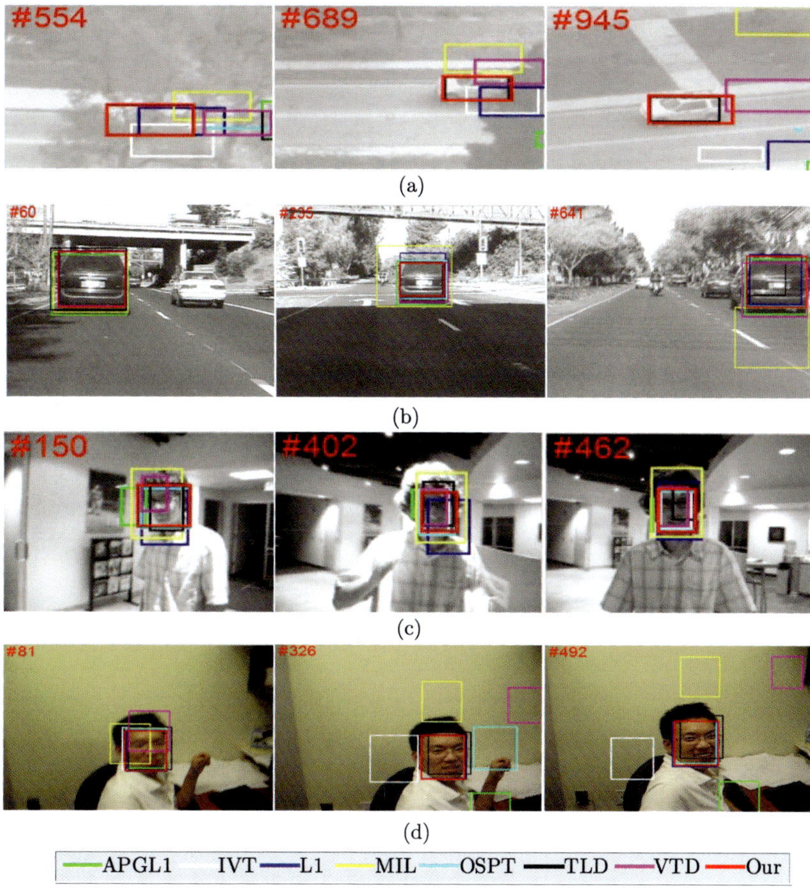

图 7.5　不同跟踪算法在挑战性图像序列上的定性评估

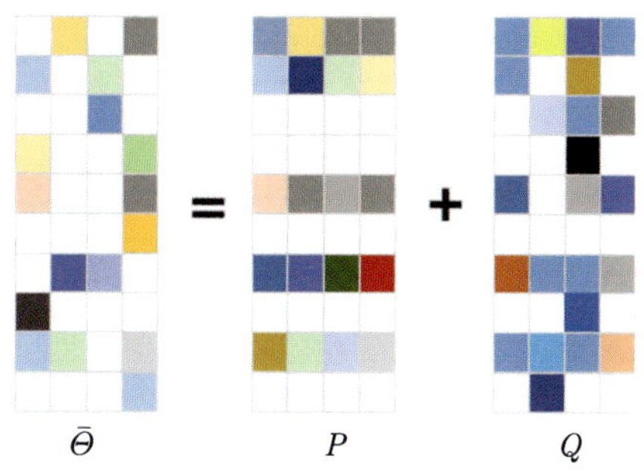

图 8.6　混合学习模型

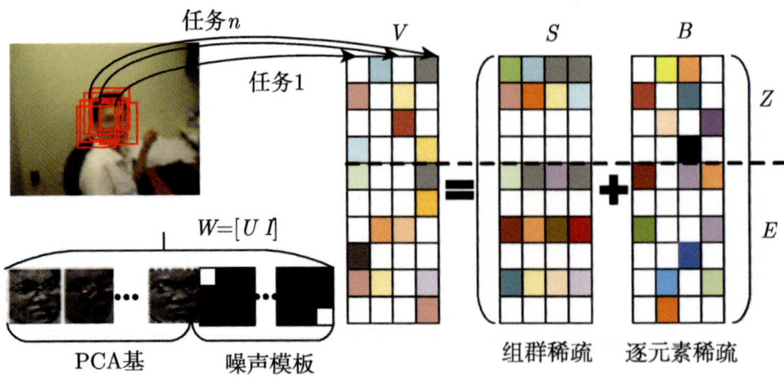

图 8.8　基于多任务稀疏原型的外观模型

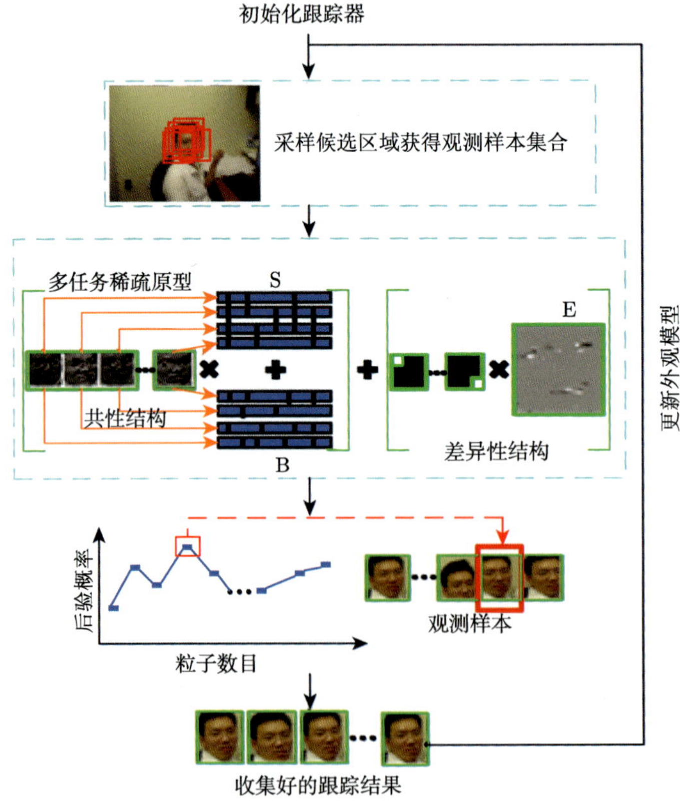

图 8.9　提出算法的流程图

图 8.10　不同算法的跟踪结果

图 8.11　不同算法的跟踪结果

(a)
(b)
(c)
APGL1
IVT
L1T
MIL
MTT
OSPT
TLD
VTD
Our

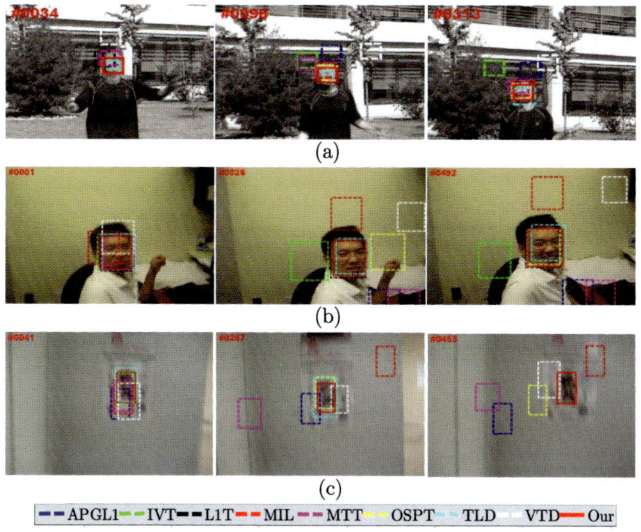

图 8.12　不同算法的跟踪结果

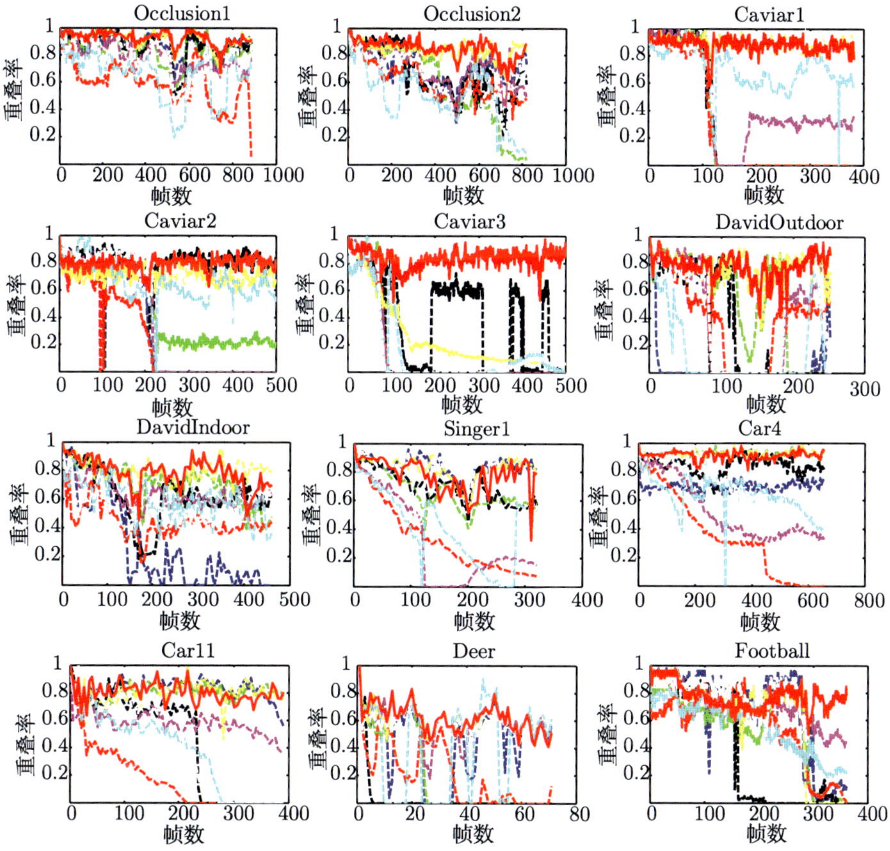

Occlusion1
Occlusion2
Caviar1
Caviar2
Caviar3
DavidOutdoor
DavidIndoor
Singer1
Car4
Car11
Deer
Football
重叠率
帧数

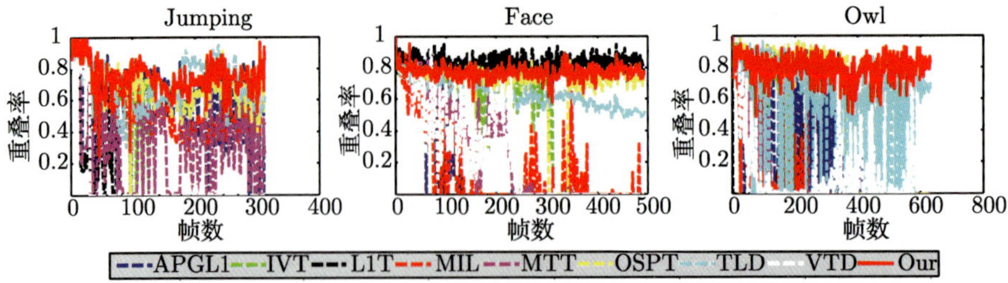

图 8.13　不同跟踪算法的重叠率曲线图

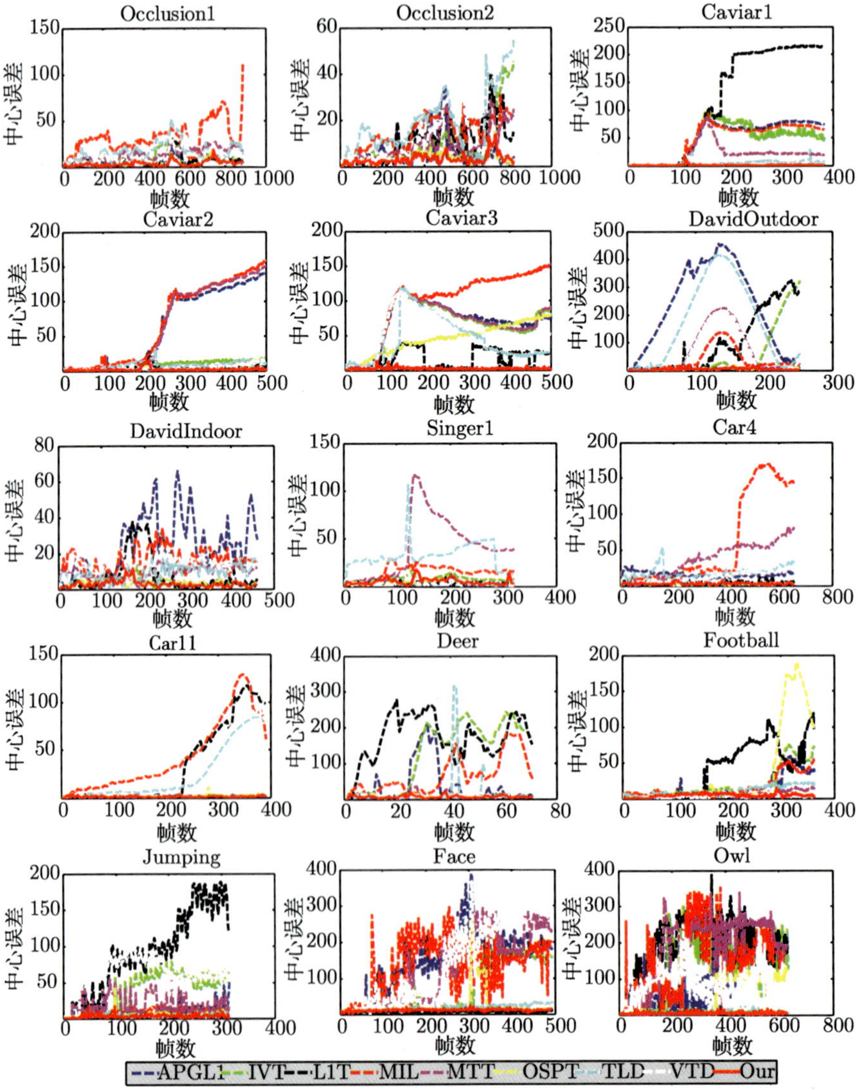

图 8.14　不同算法的中心误差曲线图